本书获得黑龙江省哲学社会科学项目"黑龙江省推进制度型向北开放新高地研究"（23XZT048）资助

国际投资与
跨国公司管理

International Investment and Management of
Multinational Corporations

主　编｜卢尚坤　杨慧瀛　李　红
副主编｜穆　迪

经济管理出版社
ECONOMY & MANAGEMENT PUBLISHING HOUSE

图书在版编目（CIP）数据

国际投资与跨国公司管理 / 卢尚坤等主编. -- 北京：
经济管理出版社，2024. -- ISBN 978-7-5243-0099-1

Ⅰ. F831.6；F276.7

中国国家版本馆 CIP 数据核字第 20244B6K26 号

组稿编辑：杨　雪
责任编辑：杨　雪
助理编辑：付姝怡
责任印制：许　艳
责任校对：王淑卿

出版发行：经济管理出版社
　　　　　（北京市海淀区北蜂窝 8 号中雅大厦 A 座 11 层　100038）
网　　址：www. E-mp. com. cn
电　　话：（010）51915602
印　　刷：北京晨旭印刷厂
经　　销：新华书店
开　　本：720mm×1000mm/16
印　　张：12.75
字　　数：240 千字
版　　次：2024 年 12 月第 1 版　　2024 年 12 月第 1 次印刷
书　　号：ISBN 978-7-5243-0099-1
定　　价：67.00 元

前　言

在庆祝改革开放 40 周年大会上，习近平总书记强调"必须坚持扩大开放，不断推动共建人类命运共同体"。中国的发展离不开世界，世界的繁荣也需要中国。党的十九届五中全会通过的《中共中央关于制定国民经济和社会发展第十四个五年规划和二〇三五年远景目标的建议》提出，要加快构建以国内大循环为主体、国内国际双循环相互促进的新发展格局。这是着眼于我国长远发展和长治久安作出的经济发展战略的重大调整和重大战略部署，对实现高质量、更有效率、更公平、更可持续、更为安全的发展，以及促进全球经济繁荣发展，都将产生重要且深远的积极影响。统筹国内国际两个大局，实行积极主动的开放政策，形成全方位的开放新格局，为我国创造了良好的国际经济发展环境。

中国共产党第十九次全国代表大会指出，要以"一带一路"建设为重点，坚持引进来和走出去并重，遵循共商共建共享原则，加强创新能力开放合作，形成陆海内外联动、东西双向互济的开放格局。构建新发展格局须进一步夯实数字经济发展动力，运用数字赋能国际国内贸易新业态、新模式，大力推进贸易强国战略；实行贸易和投资自由便利化的基本政策，放宽国际市场准入门槛，扩大服务业对外开放。创新国际投资形式，提升国际合作产能，形成国际贸易、国际金融、服务网络全球化，培育国际竞争新优势。我国发起"一带一路"倡议，创办亚洲基础设施投资银行，设立丝路基金，举办亚太经合组织领导人非正式会议、二十国集团领导人杭州峰会、金砖国家领导人会晤，旨在构建人类命运共同体，促进全球治理体系变革。面对国内经济趋势放缓与国际贸易摩擦加剧的形势变化，中国应积极推动建设开放型世界经济、构建人类命运共同体、促进全球治理体系变革，为世界和平稳定与繁荣发展贡献中国智慧和中国方案。

本书顺应时代要求，在系统梳理国际贸易基础理论知识、培养核心专业基础技能、凝练掌握专业核心能力的同时，注重结合我国对外开放事业的最新理论与实践成果，探讨国际投资和跨国公司管理的发展趋势，为国际贸易专业人才培养提供新的教育视角。国际投资与跨国公司管理是国际商务、国际贸易学专业的核心课程。本书主要包括国际投资和跨国公司管理两部分内容，共八章。第一章至第四章主要论述国际投资相关理论，包括国际直接投资、国际直接投资的主体、国际证券投资；第五章至第八章主要论述跨国公司相关理论，包括跨国公司人力资源管理、跨国公司营销管理、跨国公司财务管理和跨国公司文化管理等方面的内容，对国际投资和跨国公司管理的基本内容进行了全面系统的论述，有利于读者更好地掌握相关知识。

本书由哈尔滨商业大学卢尚坤、杨慧瀛、李红和上海财经大学穆迪老师联合编写。本书各章的具体分工为：卢尚坤负责第一章至第四章、第六章的编写，杨慧瀛负责第五章的编写，穆迪负责第七章的编写，李红负责第八章的编写，卢尚坤负责全书统稿。在本书即将付梓之际，感谢经济管理出版社的鼎力支持。

由于编者能力有限，书中纰漏之处在所难免，恳请专家、同行、读者批评指正！

编　者

2024 年 1 月

目　录

第一章　国际投资总论

学习要点

　　国际投资是继国际贸易、跨国公司后推动全球经济相融成长的新引擎。资本是经济全球化进程中最活跃的生产要素，资本的跨境流动把世界各地的经济活动紧密地联系起来。本章介绍了国际投资的概念、特征、动机与类型，国际投资学的基本范畴，国际投资常用术语及数据的获取。通过本章的学习，希望读者能够熟悉国际投资的内涵，理解国际投资的相关术语，了解国际投资学的基本范畴与研究方法。

第一节　国际投资的概述

一、国际投资的概念

　　国际投资是指具有独立投资决策权的投资主体（自然人、法人或其他组织）将其拥有的货币、实物及其他形式资产或生产要素，通过跨境流动与配置形成实物资产、无形资产或金融资产，以实现价值增值的经济活动。

　　国际投资属于跨国经济行为，主要包括投资国和东道国。投资国即为资本流出国，是国际投资的经济主体国；东道国即为资本接受国，是吸收外国资本在本国进行投资的国家。投资国经济相对发达，国际投资是为过剩资本谋求高额利润的重要途径之一。东道国多为发展中经济体，为解决国内资金短缺等问题，采取吸引并利用外资的策略；同时，引进发达国家的先进技术及管理经验，进而推动本国经济发展。对一国而言，参与国际投资活动时既可以以投资国的身份出现，表现为对外投资；也可以以东道国的身份出现，表现为引进外资。因此，参与国际投资的国家可能兼有投资国和东道国的双重身份。

1

国际投资因投资国和东道国的经济制度和经济政策不同，所以投资的收益和风险受到了制度因素的影响。从国际投资的实践来看，《中国—韩国自由贸易协定》（CKFTA）、《区域全面经济伙伴关系协定》（RCEP）、《全面与进步跨太平洋伙伴关系协定》（CPTPP）及《美墨加协定》（USMCA）中的投资都是指投资者直接或间接拥有具有投资特征的各类资产，投资特征包括资本或其他资源的投入、收益或利润等。

二、国际投资的特征

（一）实现资产跨境运营

资产的跨境运营是国际投资的重要特征。首先，国际投资有别于国际贸易，国际贸易主要是商品的国际流通与交换；其次，国际投资与国际金融存在较大区别，国际金融是货币资金在国际的转移；最后，国际投资包括国际资本流动，国际资本流动是指资本的跨境输入或输出，而国际投资包括对投资客体的经营。因此，国际投资面临更为复杂的国际环境。

（二）实现资本价值增值

投资的目的是获取更多的预期收益，国际投资的目的也具有相同的属性，但是国际投资相对于国内投资更为复杂，国际投资的预期收益可理解为实现资本价值增值，这既可能是经济价值，也可能是政治价值、社会价值等。

（三）投资主体呈现多元化

1. 国际金融机构

国际金融机构包括跨国银行及非银行类金融机构，是指由会员国认购股份组成的专门从事特殊国际金融业务的机构，可以分为全球性国际金融机构和区域性国际金融机构两类。它们是参与国际投资和金融服务业的主体，主要从事较为特殊的国际信贷业务。

2. 跨国公司

跨国公司是国际直接投资的重要主体。跨国公司依据全球经营战略，通过对外直接投资在世界范围内设立分支机构，按照成本最小化原则在各国（各地区）组织一体化生产，形成价值链的空间布局。

3. 官方机构与半官方机构

官方机构是隶属于投资国政府的国际性组织，半官方机构是指投资主体包括各国政府部门及国际性组织，它们主要承担具有国际经济援助性质的基础性、公益性的国际投资行为，如向东道国政府发放政府贷款、出口信贷；帮助东道国兴建基础设施如机场、铁路、体育场所等建设；改善当地生态环境和促进区域经济可持续发展等。

4. 私人投资者

一般作为自然人或个人参与国际间接投资的属于私人投资者。私人投资者参与国际投资的主要方式是国际证券投资，主要包括适合个人投资的国际投资基金、外国债券和存托凭证等，私人投资者在投资国际证券时，作为投资主体，不需要离开母国。私人投资者在东道国设立个人独资企业或与其他主体开展国际合作，如在东道国设立合伙制企业，需要离开母国。

（四）投资客体呈现多样化

随着全球经济的发展，投资客体作为投资主体实现投资目标的对象，逐渐呈现多样化特征，主要包括货币性资产、实物资产和无形资产等多种形式。

1. 货币性资产

货币性资产是指持有的现金及将以固定金额或可确定金额的货币收取的资产，包括现金、应收账款和应收票据，以及准备持有至到期的债券投资等。其中股票、债券等有价证券具有取得收益的权益资本属性，称为虚拟资本。

2. 实物资产

实物资产是指经济生活中所创造的用于生产物品和提供服务的资产，是创造财富和收入的资产，主要包括土地、建筑物、知识、用于生产产品的机械设备和运用这些资源所必需的有技术的工人。从会计角度来看，实物资产包括存货和固定资产等，存货包括库存材料、成品及生产中的半成品。实物资产是有形资产，具有一定的明显价值，房屋、公司物品、商品、存货都属于实物资产。

3. 无形资产

无形资产是指没有实物形态可辨认的非货币性资产。无形资产具有广义和狭义之分，广义的无形资产包括金融资产、长期股权投资、专利权、商标权等，因为它们没有物质实体，而是表现为某种法定权利或技术。但是，在会计上通常将无形资产作狭义的理解，即将专利权、商标权等称为无形资产。

上述资产和劳动力共同构成了生产要素，而国际投资所从事的跨境资本交易活动具有带动各种生产要素和产品转化的功能。由于国际投资的主体既可能采用一种客体投资形式，也可能采用多种客体投资形式，所以国际投资具备了多样化和复杂性等特征。

三、国际投资的动机

在国际投资中，除国际经济援助投资外，一般性国际投资的目的是以实现投资利润最大化为原则，但其投资动机各有不同，常见的动机主要包括以下五种：

（一）利用东道国的自然资源

利用东道国的自然资源是最常见的国际投资动机之一。自然资源的地理分布不均衡，是制约世界经济发展的重要因素，也是促进国际直接投资发展的主要原因之一。如中东地区富产石油，而其他国家和地区需要大量进口石油；这些投资国和地区的石油企业设法收购中东地区的油田或参与中东地区的石油生产，以此来保证本国和地区石油生产和生活需要。

（二）利用东道国的人力资源

利用东道国的人力资源优势是普遍的国际投资方式。一些发达国家由于人均收入水平较高，从事劳动密集型产业的优势逐渐失去，所以这些国家将劳动密集型产业转移到发展中国家，充分利用东道国的劳动力资源，进而降低产品生产成本，获取更多收益。

（三）贴近市场

贴近市场包括绕过贸易壁垒和占领市场两种类型。绕过贸易壁垒是指跨国公司为了避免因东道国的政策限制影响出口，而选择在东道国开展生产经营活动。如20世纪80年代日本汽车企业在政府实施自愿出口限制的情况下，为了保住美国市场而对美国进行直接投资。占领市场是指跨国公司为了研究并满足当地产品需求，进一步占领东道国市场而进行的投资。

（四）维持市场份额

当竞争对手到某一海外市场进行直接投资时，为了维持自身的市场份额或者避免丧失主动权，跨国公司通常会追随竞争对手到海外进行投资。如麦当劳与肯德基两家连锁快餐企业海外投资的相伴与追随。

（五）转移污染

西方发达国家的工业发展历程表明，工业发展会在一定程度上造成环境污染，而环境污染将使社会付出巨大代价。随着社会的发展，人们的环保意识逐渐增强，各国都相继颁布了严格限制工业污染的法令和政策。部分发达国家将重污染产业以国际直接投资的方式转移至发展中国家或地区，以此来逃避本国的环境法律管制。

四、国际投资的分类

（一）按投资性质分为国际直接投资和国际间接投资

1. 国际直接投资

国际直接投资（Foreign Direct Investment，FDI），又称对外直接投资、境外

直接投资或海外直接投资，是以控制国外企业的经营管理权为核心的对外投资。国际货币基金组织（IMF）将国际直接投资定义为：以获取投资者所在国之外的企业长期利益为目的的投资活动，投资者的目的是对企业的经营管理进行有效的控制，这种控制权是指投资者拥有一定的股权份额及对企业的有效经营管理权。

国际直接投资是投资国自然人、法人或其他经济组织，根据东道国的相关法律法规，在东道国单独出资或合资创立企业，或收购现有企业形成经营性资产等形式，并按照东道国的法律法规获取经营性资产的经营收益或亏损的行为。国际直接投资不是单纯的资金外投，还包括技术、经营管理知识等生产要素的转移。

2. 国际间接投资

国际间接投资（Foreign Indirect Investment，FII），又称对外间接投资或国际金融投资，是指一个国家的政府、企业或个人通过购买外国的公司股票、企业债券、政府债券、金融衍生工具等金融资产获取股息、利息，或通过买卖证券赚取收益的投资，其目的不是取得投资企业的经营管理权。

3. 国际直接投资和国际间接投资的区别与联系

区分国际直接投资和国际间接投资的重要标志为是否拥有经营管理权。有效的经营管理权是指投资者拥有企业一定的股权份额，对企业的经营决策和管理享有话语权和表决权，它体现为投资者的企业股权份额，拥有的股权份额越高，经营管理权越大。

国际直接投资和国际间接投资是可以相互转化的。随着金融衍生品的不断创新，以及跨国公司海外经营模式的创新，国际直接投资和国际间接投资呈现交叉融合的发展趋势。如跨国公司实现有效管理企业的现金流，需要依赖证券投资，而跨国并购离不开证券市场运作，所以，跨国并购成为国际直接投资的主要形式之一。当投资者购买国外公司股票的数量达到总股本的一定比例时，间接投资就变成了直接投资。

（二）按投资对象分为实业投资和金融投资

实业投资是指生产经营方面的投资，而金融投资是指购买各种债券或股票投资及借贷方面的投资。实业投资与金融投资的主要差异在于是否与自然界有密切关系：实业投资不仅涉及人与人之间的财务关系，还涉及人与自然界之间的关系，如开办厂矿；而金融投资只涉及人与人之间的财务关系，如借款或贷款、买卖债券或股票、领取股息等。在现代经济社会中，实业投资和金融投资是相互补充的，金融投资可以使实业投资更为便捷。

（三）按投资主体分为公共投资和私人投资

公共投资是指一国政府或国际组织用于社会公共利益的投资，如某国政府投资，为东道国兴建机场、铁路或体育场所等。公共投资的流向多为民间资本，此类投资收益低且风险大，通常不以营利为主要目的，带有一定的国际援助性质，以双方关系友好为前提。而私人投资是指某国的个人或企业，以营利为目的对东道国进行的投资，如私人或私人企业购买其他国家发行的股票或企业债券，或到东道国兴办企业。

（四）按投资期限分为短期投资和长期投资

按照国际收支统计分类，投资期限在 1 年以内的债权称为短期投资，如证券投资者购买股票、债券等国外证券，并在短期内转售；投资期限在 1 年以上的债券、股票及实物资产等称为长期投资，如投资者在国外投资兴建企业等。在具体实践中，以投资期限是否超过 5 年作为区分长期投资和短期投资的依据。投资期限超过 5 年的为长期投资，低于 5 年的为短期投资。

第二节　国际投资学的基本范畴

一、国际投资学的研究内容

国际投资学是研究资本在国家间的运动过程及其对世界经济的影响的学科。国际投资学研究的基本内容主要包括国际投资理论、国际投资主体、国际投资客体及国际投资管理等。国际投资理论研究主要是指对国际投资的基本概念、国际投资的分类、国际投资的动机及理论问题的研究；国际投资主体研究主要是指对跨国公司的发展、组织结构、经营战略及从事国际投资活动的国际机构的研究；国际投资客体研究主要是指对国际投资方式，其中包括直接投资方式和各种类型的间接投资方式的研究；国际投资管理研究主要是指对投资环境、投资项目和可行性及投资活动面临的各种风险的研究。

作为一门应用学科，国际投资学对国际投资活动的研究均是建立在理论与实践相结合、宏观与微观相联系的基础之上，随着经济全球化和区域经济一体化的不断深入，国际投资学将会涌现更多新的研究热点。

二、国际投资学与相关学科的关系

国际投资学作为一门学科，是人类社会实践发展和知识深化的必然结果。随着国际投资实践的发展和国际投资理论研究的深入，国际投资学已成为一门独立的经济学科。为了更准确地把握国际投资学的研究对象，本部分进一步分析国际投资学与相关学科的关系。

（一）国际投资学与西方投资学的关系

国际投资学与西方投资学既有联系又有区别。西方投资学的研究对象主要是证券投资微观理论，如证券投资组合理论、金融资产定价模型等，国际间接投资理论是在西方国内证券投资理论的基础上发展起来的，是西方证券投资组合理论的国际化延伸。国际投资学的研究范围不仅包括证券投资领域，还包括直接投资领域；而国际投资学的核心在于具有"跨国性"。

（二）国际投资学与国际贸易学的关系

国际投资学与国际贸易学均属于国际经济学的一个分支学科，两者既有联系又有区别。

1. 国际投资学与国际贸易学的联系

（1）国际贸易学的研究领域为商品和劳务在国家间的流动。国际投资学的研究领域既包含商品和劳务的国家间流动，也包含货币的跨国流动。

（2）国际贸易活动通常是国际投资行为的基础和先导。跨国公司通过产品出口来拓展海外市场，并进一步了解海外市场需求，进而转向国际投资。国际投资行为将引起购买力在国家间的转移，从而带动国际贸易的发展；而当国际直接投资完成，东道国形成生产能力后，将减少进口，因此，国际投资会对国际贸易产生反向作用。

2. 国际投资学与国际贸易学的区别

（1）国际贸易学的研究范围既包含了资本的跨国界流动，也包含了非资本的跨国界流动，侧重点是商品和劳务的非资本特性。而国际投资学的研究重点是资本中的商品和劳务的跨国界流动，侧重点是商品和劳务的资本特性。

（2）国际贸易学对商品流动的研究侧重于交换关系，即在价值相等的基础上实现使用价值的交换，商品最终进入消费领域。而国际投资学侧重于对商品的生产属性的研究。国际投资活动本质上是把商品作为生产要素投入生产领域并实现价值增值。

（3）经济实践活动表明，推动国际经济发展的主要动力已由国际贸易转向国际投资，这从国际投资和国际贸易的增长速度中能得到体现。国际直接投资可以带动资金、技术设备、管理等要素全面转移，因此，国际投资是企业甚至国家深入参与国际经济活动的重要形式。

（三）国际投资学与国际金融学的关系

国际金融学是研究货币在国家间运动的过程及其客观规律的学科。

1. 国际投资学与国际金融学的联系

（1）国际投资学研究范围包括货币、商品和劳务的跨国界流动；国际金融学研究货币的跨国界流动。

（2）国际金融领域的利率变动及汇率变动既会影响国际证券投资的价格和收益分配，还会影响国际直接投资的利润，进而影响国际投资的流向与规模。国际投资效果也将制约货币的流向，从而引起国际金融领域利率和汇率的变动。因此，国际金融学和国际投资学在研究中会涉及共同的制约因素。

2. 国际投资学与国际金融学的区别

（1）国际金融学主要研究货币要素，包括各种短期资金的流动及各种非投资活动引起的货币转移，如国际援助引起的国际货币转移，以及利率、汇率变动引起的国际货币转移等。国际投资学不仅研究货币要素，还研究生产性要素，如设备、原材料、技术、管理、专利等。国际投资学在对货币资本进行研究时，将货币资本作为能够带来交易增值的要素之一，主要研究的是中长期资本运动及经济收益。

（2）国际金融学着重研究资本运动对国际收支平衡、汇率和利率波动，以及一国长期经济贸易地位的影响等问题，其行为主体是国家或国际组织；国际投资学着重研究资本运动所能取得的经济收益，其最主要的行为主体是跨国公司。

（3）国际金融学主要分析国际资本运动对国际金融市场、国际货币体系、各国国际收支状况等方面的影响；国际投资学主要分析国际资本运动对国际竞争、国际贸易，以及对投资国和东道国经济发展的影响。

三、国际投资学的研究方法

国际投资学既要重视理论研究，又要重视研究方法，要运用马克思主义唯物辩证法来分析研究国际投资活动中的各种矛盾运动，并揭示其内在规律。

（一）静态分析与动态分析相结合

静态分析是在国际投资相对稳定的某一时间点上的国际投资活动的现状分析，适用于考察某一时期国际投资活动的发展状态与特征；动态分析是在承认国际投资运动、变化、发展的前提下，对某一时期国际投资活动所发生的变化进行序列分析，考察其发展方向和趋势。在开展国际投资研究时，需要了解现状，包括投资规模存量、行业结构等；而且要分析发展趋势，如流量和投向变化等。因此，我们需要将静态分析与动态分析相结合。

（二）个量分析与总量分析相结合

个量分析是把复杂的国际投资活动分解为简单的要素进行单独考察，据此发现要素的性质和特征；总量分析是把分解的各方面要素作为统一的整体来认识，以便正确反映国际投资各要素间的内在联系。个量分析与总量分析相结合既能认识各个要素的性质和特征，也能将国际投资活动的相关要素作为有机整体来研究，更全面地认识国际投资活动的规律。也就是说，对国际投资项目进行分析，既能给投资者带来微观效益，也能给国家宏观经济总量产生一定的影响，进而达到优化政策的状态。

（三）定性分析与定量分析相结合

定性分析就是运用正确的立场、观点来揭示国际投资活动中各种质的规律和联系；定量分析就是运用统计学、计量经济学模型等方法对国际投资活动中的各种数量关系、数量特征和数量变化进行定量描述，分析国际投资从量变到质变的规律，并对国际投资活动的现象和结果做出定性的判断和预测。定性分析与定量分析相结合可以使国际投资活动建立在科学的基础上，进行投入产出的可行性分析。

（四）理论分析与实证分析相结合

国际投资学作为一门应用经济学学科，以经济学原理为基础，要从理论上分析国际投资实践活动，并对国际投资运行规律进行总结。国际投资学产生于国际投资实践，必须在实证分析的基础上进行理论分析。只有通过国际投资实践活动，才能探求其内在客观联系，进而将内在客观联系归纳成理论，再对实践进行指导、修正和发展。因此，必须坚持理论分析和实证分析相结合的研究方法。

四、国际投资学的研究意义

从国际视野出发，研究国际投资学是为了满足顺应世界经济发展趋势的需要。从企业的全球化历程来看，国际直接投资是企业国际化发展的必然阶段，随着国际化的持续深入，国际分工形成了产品的完整价值链。全球价值链是国际化生产的特征。当前中国仍处于全球价值链的中低端，一方面，还需要提升研发能力，将产品生产环境向设计、销售等高端延伸；另一方面，还需要掌握资本运营技能，扩大境外投资。

从国家需求出发，研究国际投资学是为了满足建设更高水平开放型经济新体制的需求。改革开放 40 多年来，中国通过国际贸易和吸引外资融入了全球生产体系，国家综合实力逐渐提高，成为世界第二大经济体，实现资本净流出，创造了历史上的奇迹。随着"一带一路"建设的发展，未来更多的中国企业将到境外投资，利用境外资源和市场。因此，国家需要大批有志于建设高水平制度型开放经济新体制的跨境投资和运营人才。我们需要全面系统掌握国际投资的基本理论，熟悉国际投资的运营流程，掌握国际资本运营的基本技能。

第三节 国际投资常用术语及数据的获取

一、国际投资与 FDI 相关的术语

（一）FDI 流量和 FDI 存量、FDI 流入和 FDI 流出

1. FDI 流量和 FDI 存量

FDI 流量和 FDI 存量是度量 FDI 模型的两个重要概念。FDI 流量是指外国投资者向其境外投资企业提供的资本，由股权资本、再投资收益和公司内借贷三部分构成。其中，股权资本是指在另一经济体企业内拥有的股份；再投资收益是指本应归属于境内投资者，但境外投资企业未作红利分配，或未汇给境内投资者而被用于再投资的收益；公司内借贷是指境内投资者与境外直接投资企业间的短期借贷资金或长期借贷资金。FDI 流量为负，表明在 FDI 流量的三个组成部分（股权资本、再投资收益和公司内借贷）中至少有一个是负的，并且未被其他组成部分的正值金额所抵消，说明出现了反向投资和撤资。

根据商务部、国家统计局和国家外汇管理局联合发布的《中国对外直接投资统计公报》，FDI 流量是指在报告时期内对外直接投资净额（主要指新增股权投资、当期收益再投资与当期债务工具投资之和，减去境外企业向境内投资者的反向投资）的变化量，即 FDI 流量=新增股权资本+当期再投资收益+当期债务工具投资-反向投资，它有时会出现负值。

FDI 存量是指境外投资者在投资企业所拥有的股权资本和准备金（包括预留收益）的价值，加上投资企业对投资者的净负债。FDI 存量与衡量资本的更常用的指标，如固定资产存量存在联系：FDI 存量=FDI 股权资本+FDI 再投资收益+FDI 债务=固定资产+非固定资产-（非 FDI 股权资本+非 FDI 债务）。

在《中国对外直接投资统计公报》中，年末对外直接投资存量等于年末对

外直接投资总额减去境外企业累计对境内投资者的反向投资。其中，年末对外直接投资总额等于报告期境外企业资产负债表中按中方投资比例计算的股本期末数，加上按中方投资比例计算的未分配利润期末数，再加上期末对境内投资者的债务工具投资（指境内投资者向境外企业提供的贷款、应收款等）。因此，FDI存量可以理解为投资者于某一固定时点在所投资企业中拥有的 FDI 的各项权益用货币表示出来的现值，侧重度量 FDI 的经营结果。

2. FDI 流入和 FDI 流出

投入某一经济体的 FDI 称为 FDI 流入，也称吸收外资；反之称为某一经济体的 FDI 流出，也称对外直接投资。FDI 流入、FDI 流出与 FDI 流量结合起来，就有了 FDI 流入流量、FDI 流出流量的概念；相应地，也有 FDI 流出存量、FDI 流入存量的概念。

各国计量和报告 FDI 的方式存在一定差异，使对 FDI 发展趋势的解释更为复杂：一是东道国和母国的数据收集方法不同，FDI 数据包含的内容不同（如三项构成可能都未包括进去）、记录 FDI 数据的时间段不同、对迂回资金及对特殊目的实体的 FDI 的处理方法不同等。二是统计方法随时间的推移而改变，导致 FDI 流量的时间序列数据存在结构方面的突变。三是为了简化世界范围内 FDI 的比较，要将以不同货币计量的流量数据转化为同一货币计量的流量数据，导致得出的 FDI 流量增长率可能不同于用本币计量的 FDI 流量增长率。同样，当某个国家的 FDI 流量以名义价格或当前价格来表示时，将其转换为不变价格将会产生不同结果。

（二）准入前国民待遇和负面清单制度

《中华人民共和国外商投资法》规定，国家对外商投资实行准入前国民待遇加负面清单管理制度。所谓准入前国民待遇，是指在企业设立、取得、扩大等阶段给予外国投资者及其投资不低于本国投资者及其投资的待遇；所谓负面清单，是指国家规定在特定领域对外商投资实施的准入特别管理措施。党的十八届三中全会提出，探索对外商投资实行准入前国民待遇加负面清单管理模式。2013 年上海自贸试验区试点运行第一张外商投资准入负面清单，为探索负面清单模式提供了有益经验。2017 年我国以负面清单模式修订《外商投资产业指导目录》，首次提出全国范围实施的外商投资准入负面清单。2018 年全国外商投资准入负面清单发布，完善了负面清单管理的基本规则，为实施准入前国民待遇加负面清单管理制度提供了基本依据。《中华人民共和国外商投资法》于 2019 年颁布并于2020 年实施，将准入前国民待遇加负面清单管理制度写入法律。

二、国际投资与证券投资相关的术语

（一）大盘指数

大盘是指股票市场上股票的总体概况。大盘指数一般是指沪市的"上证综合指数"即（上海证券交易所股票价格综合指数）和深市的"深证成份股指数"即（深圳证券交易所编制的一种成份股指数）。它能科学地反映整个股票市场的行情，如股票的整体涨跌或股票价格走势等。如果大盘指数逐渐上涨，即可判断多数的股票都在上涨；如果大盘指数逐渐下降，即大多数股票都在下跌。

（二）股票价格指数

股票价格指数，简称股票指数，是证券交易所或金融服务机构编制的反映整个股票市场上各种股票市场价格的总体水平及其变动情况的指标。世界著名的股票指数有美国的道琼斯指数、日本的日经指数、英国的金融时报指数等。我国常用的股票指数是上证综合指数和深证成份股指数。上证综合指数以上海证券交易所挂牌上市的全部股票（包括 A 股和 B 股）为样本，以发行量为权数，采用加权平均法计算，以 1990 年 12 月 19 日为基日，基日指数定为 100 点。深证成份股指数以深圳证券交易所挂牌上市的所有股票中具有市场代表性的 40 家上市公司的股票为样本，以流通股本为权数，采用加权平均法计算，以 1994 年 7 月 20 日为基日，基日指数定为 1000 点。

三、FDI 数据的获取

（一）FDI 数据

在使用 FDI 流量和 FDI 存量时，应采用官方公布的统计数据。各个经济体的 FDI 流量和 FDI 存量数据由联合国贸发会议发布，也可通过历年《世界投资报告》的附录表格下载，以获得相应数据；还可以在国际货币基金组织数据中心下载；经济合作与发展组织（OECD）官网的数据库中也有 FDI 统计数据。当然，在各个经济体的官方统计网站上也能找到其 FDI 数据，如中国 FDI 流量和存量数据可以从国家外汇管理局官方网站公布的国际收支平衡表中查找，FDI 存量数据还可以从该网站公布的国际投资头寸表中查找。

（二）证券投资数据

各国证券投资数据可以从各国公布的国际收支平衡表和国际投资头寸表中查询，也可以在 IMF 官方网站的数据库中下载。

复习思考题

1. 国际投资的概念及类型有哪些？
2. 国际投资的动机是什么？
3. 国际投资学与国际贸易学有何联系？

第二章　国际直接投资

学习要点

本章主要介绍国际直接投资的概念及形式，国际直接投资的动机、国际直接投资理论，跨国并购，国际投资环境及其评估方法以及国际直接投资协调的含义与作用，通过学习，可以对国际直接投资相关问题有一个基本的理解与掌握。

第一节　国际直接投资的概念及形式

一、国际直接投资的概念

国际直接投资（International Direct Investment）又称外国直接投资、对外直接投资或海外直接投资，指的是以控制国外企业的经营管理权为核心的对外投资。根据国际货币基金组织的解释，这种控制是指投资者拥有一定数量的股份，因而能行使表决权，并在企业的经营决策和管理中享有发言权。

自20世纪90年代起，发展中经济体的FDI开始兴起与发展。根据《世界投资报告2022》的数据，1990~2021年流入发展中经济体的FDI占世界FDI的67%，2021年流入发展中经济体的FDI占世界FDI的53%。

二、国际直接投资的基本形式

对外投资的基本类型包括两种：绿地投资和跨国并购。

（一）绿地投资

绿地投资即创建新企业，指的是跨国公司等投资主体在东道国境内依照东道国的法律设置的部分或全部资产所有权归外国投资者所有的企业。绿地包括三种形式：国际合资公司、国际合作公司、国际独资公司。

1. 国际合资公司

国际合资公司是指外国投资者和东道国投资者作为一个共同的投资项目联合出资，按照东道国有关法律在东道国境内建立的公司。

国际合资公司是股权式合营公司，它的特点是各方共同投资、共同经营、共担风险、共享利润。国际合资公司是当前国际直接投资中最常见的形式。建立国际合资公司的优点是可以充分发挥各投资方在资金、技术、原材料、销售等方面的优势，形成组合优势；不易受到东道国民族意识的抵制，容易取得优惠待遇，减少投资风险；但是，由于投资各方的出发点不同，短期和长期的发展目标不同，在共同的经营管理中有时也会产生分歧和冲突，影响公司的正常运转。

2. 国际合作公司

国际合作公司是指外国投资者和东道国投资者在签订合同的基础上，依照东道国法律共同设立的公司。它的最大特点是合作各方的权利、义务均由各方通过磋商在合作合同中约定，是典型的契约式合营公司。

国际合作公司和国际合资公司总体利弊相似，只是合作公司是以合同规定作为各方合作的基础，所以在公司形式、利润分配、资本回收等方面可以采用比较灵活的方式，便于适应合作各方不同的需要。

3. 国际独资公司

国际独资公司是指外国投资者依照东道国法律在东道国设立的全部资本为外国投资者所有的公司。作为单独出资者，外国投资者独立承担风险，单独经营、管理独资公司，独享经营利润。由于享有公司完全的所有权和经营管理权，建立独资公司的方式为跨国公司尤其是大型跨国公司所偏爱，建立国际独资公司可以做到垄断技术，避免泄露公司商业秘密，但是在经营上往往受到东道国比较严格的限制，容易受到当地民族意识的抵制，经营风险较大。

（二）跨国并购

并购源自一国国内，当并购涉及两个及两个以上国家的公司，且发生于在国际的经济活动时，就出现公司的国内并购在世界经济一体化过程中的跨国延伸。

1. 并购的概念、类型与动因

（1）并购的概念。

并购（Mergers and Acquisitions，M&A）是收购与兼并的简称，有时也称为购并，是指一个公司将另一个正在运营中的公司纳入自己的公司之中，或实现对其控制的行为。在并购活动中，出资并购的公司称为并购公司，被并购的公司称为目标公司。跨国并购是指外国投资者通过一定的法律程序取得东道国某公司的全部或部分所有权的投资行为。跨国并购在国际直接投资中发挥重要的作用。现在已经发展为设立海外公司的一种主要方式。

收购与兼并既有相同之处也有一定区别。两者的相同之处主要表现为：基本动因相似。公司为了扩大市场占有率，扩大市场经营规模，进而实现公司的规模效益；或者为拓宽公司的经营范围，实现分散经营或综合化经营。两者的主要区别在于：第一，在兼并中，被兼并公司作为法人实体将不复存在；而在收购中，被收购公司仍然以法人实体的形式存在，其产权可以部分转让。第二，在兼并后，兼并公司成为被兼并公司新的所有者和债权、债务的承担者，是资产、债权、债务的统一转换；而在收购后，收购公司是被收购公司的新股东，以收购出资的股本为限，承担被收购公司的风险并享有相应的权益。第三，兼并活动一般发生在被兼并公司财务状况不佳、生产经营陷于停滞或半停滞时，兼并后一般需要调整其生产经营，重新组合其资产；而收购活动多数出现在企业的生产经营处于正常状态时，产权转让后对公司运营的影响是逐步释放的。

（2）并购的类型。

并购按照不同的分类标准，可以划分为不同的类型。

1）按并购双方产品或产业的联系划分。依照并购双方产品与产业的关系，可以将并购划分为横向并购、纵向并购和混合并购。横向并购是指同一行业领域内的生产或销售相同或相似产品的公司间的并购，如一家汽车制造公司并购另一家汽车制造公司；纵向并购是指处于生产同一产品不同生产阶段的公司间的并购，分为向后并购和向前并购，如一家钢铁公司并购一家矿山属于向前并购，如果钢铁公司并购一家钢材贸易公司则属于向后并购；混合并购是非竞争对手、潜在客户或供应商的公司间并购，分产品扩张型并购、市场扩张型并购和纯粹型并购。如一家家电公司并购一家银行。

2）按并购的出资方式划分。并购可分为出资购买资产式并购，即并购筹集足额的现金购买被并购方全部资产；出资购买股票式并购，是指并购方以承担被并购方全部或部分债务为条件，取得被并购方的资产所有权或经营权；以股票换取资产式并购，是指并购公司向目标公司发行自己公司的股票以换取目标公司的资产；以股票换取股票式并购，是指并购公司向目标公司的股东发行自己公司的股票以换取目标公司的大部分或全部股票。

3）按涉及被并购公司的范围划分。并购可以分为整体并购和部分并购。整体并购是指资产和产权的整体转让；部分并购是指将公司的资产和产权分割为若干部分进行交易，有三种形式：第一，对公司部分实物资产进行收购；第二，将产权划分为若干等额价值进行产权交易；第三，将经营权分为几个部分进行产权转让。

4）按并购是否取得目标公司的同意划分。并购分为友好式并购和敌意式并购，友好式并购是指并购公司事先与目标公司协商，征得其同意并通过谈判达成收购条件的一致意见而完成收购活动；敌意式并购是指在收购目标公司股权时虽然遭到目标公司的抗拒，但仍然进行强行收购，或者事先并不与目标公司协商，而突然直接向目标公司股东开出价格或收购条约。

5）按并购交易是否通过交易所划分。并购分为要约收购和协议收购。要约收购是指并购公司通过证券交易所的证券交易持有一个上市公司已发行股份的30%时，依法向该公司所有股东发出公开收购要约，按符合法律规定的价格，以货币付款方式购买股票，获得目标公司股权；协议收购是指并购公司不通过证券交易所，直接与目标公司取得联系，通过协商、谈判达成共同协议，从而实现对目标公司股权的收购。

6）按并购公司收购目标公司股份是否受到法律规范强制划分。可以将并购分为强制并购和自由并购，强制并购是指证券法规定当并购公司持有目标公司股份达到一定比例时，并购公司即负有对目标公司所有股东发出收购要约、以特定出价购买股东手中持有的目标公司股份的强制性义务；自由并购是指在证券法规定有强制并购的国家和地区，并购公司在法定的持股比例之下收购目标公司的股份。

7）按并购公司与目标公司是否同属于一国公司划分。并购分为国内并购和跨国并购。国内并购是指并购公司与目标公司同为一个国家或地区的公司；跨国并购是指并购公司与目标公司分别属于不同国家和地区。

（3）并购的动因。

在市场经济环境下，公司作为独立的经济主体，一切经济行为都受到利益动机的驱使，并购行为的根本动机就是为了实现公司的财务目标即股东权益的最大化。并购的具体动因主要有：扩大生产经营规模，实现规模经济，追求更高的利润回报；消灭竞争对手，减轻竞争压力，增加产品或服务的市场占有份额；迅速进入新的行业领域，实现企业的多元化和综合化经营；将被并购公司出售或上市，谋求更多的利益；着眼于公司的长远发展，落实公司的未来发展战略等。

2. 跨国并购的参与者

当跨国并购发生时，除了收购者和出售者之外，还有许多实体参与到战略交易中来，包括收购者、出售者、投资者、公司员工、顾问、监管机构。

（1）收购者。收购者是指一个尽可能实现股东利益最大化的实体公司，通过收购实现其自身拥有其他业务的巩固、链接或整合的经济实体。收购者分为战略收购者和财务收购者，这些收购者拥有不同的目标和动机。战略收购者通过收购对公司既存业务的影响以及公司既存业务对收购业务的影响进行权衡来决策的。财务收购者都是利用某种形式的投资者资本去收购目标公司的控制权，并以出售目标公司获得利润为最终目的，主要包括私募股权公司和管理层收购。与战略收购者相比，通常财务收购者期望投资回报率较高。

（2）出售者。出售者是指将公司出售给收购方的参与者。出售者一般包括三类：一是部分资产出售者，许多战略交易可能只涉及一个公司的一部分，而不是全部；在此种情况下，收购者只能拥有公司的部分股份，而不能收购整个公司。二是完全出售者，即公司整体出售，此时公司被全部出售，一次性完成交易。三是非意愿出售者，即收购者绕开出售者的管理层和董事会，直接购买出售者股东售出的股份。

（3）投资者。投资者一般可以分为五种类型：一是企业家即公司创始人，是指执着于将创业思想转化为具体行动的执行人。当公司发展壮大后，创始人将会聘请职业经理人管理，也有部分创始人会选择继续执掌公司或退出。二是私募股权，即公众市场外的投资。私募股权包括天使投资、风险投资、传统私募股权和杠杆收购的投资者。三是公众投资者，即大众投资者。公司如果上市，代表公司所有权的股份即会被大量的公众投资者所拥有。四是个人投资者。个人投资者是公众市场的主要部分。五是机构投资者，是对公众市场进行主动和大规模投资的实体公司。

（4）公司员工。在公司法人实体中，有数以万计的个体在经营和管理公司，主要分为四种类型：一是董事会。董事会是依照有关法律、行政法规和政策规定，按公司或企业章程设立并由全体董事组成的业务执行机关，负责公司、企业经营活动的指挥管理，对公司股东大会或者企业股东大会负责并报告工作。董事会必须执行股东大会或者职工大会对公司、企业重大事项的决定。二是高级管理层。高级管理层是雇员阶层的顶级群体，通常由部分关键雇员组成，掌握公司的日常管理以及业务经营。三是部门经理。部门经理是指一个公司某个独立部门的管理者，可以是高级管理层中的一员。四是公司发展团队。该团队主要提升公司内部专业技能。

（5）顾问。战略交易不仅需要公司发展团队，还需要雇佣经验丰富的外部顾问，主要包括四种类型：一是律师。在战略交易时，公司需要根据法律顾问形成的法律文本达成交易，规避交易风险。律师可以是公司内部的法律顾问，也可以是公司外部的法律顾问。二是投资银行家。投资银行家往往关注财务条款和资本价值，倾向于提倡交易。三是审计师。在进行战略交易时，买卖双方都需要提供审计服务，卖方审计师会准备财务综述，为出售做好准备；买方审计则要站在反映买方自身财务状况的视角给予买方建议，还有可能对潜在的目标公司的账目进行审查。四是咨询顾问。咨询顾问常常出现在交易早期战略决策制定过程中，其作用会在交易过程中逐渐被放大。

（6）监管机构。每一种商业或财务交易都将受到政府或法律的监管。监管机构主要包括以下四种：一是证券交易委员会。设立该委员会的目的在于保护投资人，它是最常见的监管机构。二是国家法令和当地法令。国家法令，如证券法是最常见的监管法规。三是行业监管机构。行业监管机构是由国家政府设立的专门对某个行业市场的各类经营主体、经营活动进行监管和管理的机构。四是国际监管机构。在跨国并购过程中，涉及不同国家之间的交易，需要引入公司所在国的法规和监管机构介入。

3. 跨国并购理论

跨国并购理论分为并购赞成论和并购价值怀疑论两种理论。为了遵循划分原则，本部分对两种理论分别进行介绍。

（1）并购赞成论。并购赞成论主要涉及效率理论、信息理论和代理成本理论。

1）效率理论。效率理论是指公司并购和资产进行再配置的其他形式，对整个社会带来潜在收益，主要体现在公司管理层改进效率和形成协同效应上。

管理协同效应理论。富有管理效率的公司通过对低效率公司的并购，使后者的管理效率得到提升，就是所谓的管理协同效应。按照管理协同效应理论的观点，一家公司利用其剩余的管理能力，通过并购改进因缺乏管理人才而造成效率低下的公司，使其经济的效率水平得到提高。

营运协同效应理论。营运协同效应理论是指由于经济上的互补性、规模经济或范围经济，使并购后带来收益增大或成本降低的情形。营运协同效应理论的一个重要前提是产业存在一定规模经济，且在并购前没有营运在规模经济的水平上，通过纵向一体化战略可以形成营运协同效应。

财务协同效应理论。该理论认为并购起源于财务方面的目的，认为资本充裕和资本缺乏使企业间的并购非常有利，阐明了资本在并购企业的产业与被并购企业的产业之间进行资源再配置的动因。该理论还认为在一个税法完善的市场经济中，并购能为企业带来更大的负债能力，节省投资收入税、筹资成本和交易成本等。

多样化经营理论。多样化经营理论是指公司持有并经营收益相对较低的资产，以分散风险，稳定收入来源。通常情况下，公司员工、消费者和供应商等利益相关者比股东更愿意公司采取多样化经营战略。多样化经营战略可以通过内部增长和并购两种途径来实现。并购可以使公司在较短的时间内进入被并购公司的行业，并在很大程度上保持被并购公司的市场份额以及现有的各种资源。

2）信息理论。信息理论解释并购动机主要有三种不同观点：

并购与市场信息传递相关。在收购股权的过程中，无论并购是否成功，目标公司的股价总会呈现上涨的趋势。原因在于，收购股权的行为向市场传递了目标公司股价被低估的信息，或者收购发盘使目标公司采取更有效率的经营策略。

并购与效率相关。在公司并购活动中，如果首次收购发盘后没有后续的收购要约，那么目标公司的股价将会回落；如果有后续收购要约，则目标公司的股价将会继续上涨。当目标公司与并购公司做了资源的合并或目标公司的资源转到并购公司的控制之下后，目标公司的股价才会被不断重估，呈上涨态势。

并购与公司资本结构的选择行为相关。作为内部人的经理，拥有比局外人更多的关于公司状况的信息，就是所谓的信息非对称性。如果一家公司被并购，那么市场将认为该公司的某种价值还没有被局外人掌握，或者认为该公司的收入将增加，由此推动股价上涨。当并购方用本公司股票收购另一公司时，将会使被并购公司和其他投资人认为被并购公司的股票被高估；在信息理论中，非对称信息的假设比较接近现实。

3）代理成本理论。代理成本理论是在经理人只拥有少量公司股权的情况下产生的。代理问题是由于经理人与所有者之间因合约不可能无成本地签订和执行而产生的。在这里，经理人被认为是决策或控制的代理人，而所有者则被认为是风险承担者。由此造成的代理成本主要包括：由委托人监督和控制代理人行为而带来的成本；保证代理人作出最优决策，否则委托人将得到补偿的成本；剩余亏损，即由代理人的决策与委托人福利最大化的决策之间的差异而使委托人蒙受的福利损失，剩余亏损也有可能由于完全执行合约的成本超过收益而引起的。解决代理问题，降低代理成本，一般有两个途径：一是组织机制方面的制度安排；二是市场机制方面的制度安排。可以通过设立奖金与股票期权的办法，将报酬与绩效联动，由此激励经理人为提高业绩而努力工作。

（2）并购价值怀疑论。对并购价值持怀疑态度的理论主要包括经理主义、自负假说、市场势力理论等。

1）经理主义。与并购可以控制代理问题的观点相反，部分学者认为，并购恰恰是代理问题的表现而不是解决办法。穆勒[1]认为，经理具有很强烈的扩大公司规模的欲望，他假定经理的报酬是公司规模的函数，经理将会接受资本预期回收率很低的项目，并热衷扩大规模。但也有研究发现，经理的报酬与公司的盈利水平而非销售额显著相关，穆勒理论的基本前提由此受到挑战。

2）自负假说。罗尔[2]提出的自负假说认为，由于经理过分自信，在评估并购时会产生乐观情绪，这样并购可能是由于并购方自负引起的，如果并购没有收益，自负可以解释即使在过去经验表明，并购存在一个正的估值误差的情况下，经理仍然会做出并购决策的原因。

3）市场势力理论。市场势力理论的核心观点是，增大公司规模将增强公司势力。许多人认为并购的一个重要动因是增加公司的市场份额，但不清楚增加市场份额是如何取得协同效应的。事实上，增加公司的市场份额是指扩大公司相对于同一产业中其他公司的规模。关于市场势力问题，存在两种意见：一是增加公司的市场份额导致合谋和垄断，并购的收益正是由此产生的；所以发达国家政府通常会制定相关法律法规，反对垄断、保护竞争。二是产业集中度的增加正是激烈的竞争导致的结果。在产业集中度高的大公司之间，竞争日益激烈，关于价格、产量、产品类型、产品质量与服务等方面的决策所涉及的维度相对复杂，是简单的合谋无法实现的。以上两种意见恰恰相反，表明关于市场势力理论尚有很大的研究空间。

三、国际直接投资的动机

国际直接投资的动机也称为国际直接投资的目的，主要从必要性的角度阐明投资者在进行投资决策时所考虑的主要因素，也就是说明投资者为什么要进行某一类型的投资。投资者在进行对外投资时，既受公司本身特有优势的影响，也受公司所处客观社会经济环境的制约。由于公司在这两方面存在较大差异，不同公司对外直接投资的动机以及相同公司不同项目的投资动机都不相同。归纳总结，

---

① Muller D C. A Theroy of Conglomerate Mergers [J]. Quarterly Journal of Economics，1969，83（4）：643-659.

② Roll R. The Hubris Hypothesis of Corporate Takeovers [J]. Journal of Business of the University of Chicago，1986，59（2）：197-216.

国际直接投资的动机主要有以下五种：

（一）市场导向型动机

市场导向型的国际直接投资主要以巩固、扩大和开拓市场为目的。

（1）投资公司为出口型公司，它在本国进行生产，通过出口使商品进入国外市场，但由于东道国或区域性经济集团实行了贸易保护主义，影响和阻碍了公司的正常出口，因而公司转为对外直接投资，在当地设厂，进行生产和销售，以维持原有市场或开拓新市场。

（2）公司对国外某一特定市场开拓达到一定程度后，为了给国外顾客提供更多的服务，巩固和扩大其市场占有率，在当地直接投资进行生产和销售，或者在当地投资建立维修服务和零部件供应网点。例如，机电产品在国外某一市场销售达到一定规模后，有必要加强售后服务，建立维修服务和零部件供应网点。

（3）公司为了更好地接近目标市场，满足当地消费者的需要。如快餐食品、饮料和食品原料等商品不能久存或不耐长途运输，而顾客却分散在世界各地，为了更好地接近和维持国外销售市场，企业不得不在国外投资设立网点，以利于就近提供新鲜食品。

（4）公司的产品在国内市场份额接近饱和，或者受到其他公司产品的有力竞争，在国内的发展受限，破除限制的有效方法即为进行对外投资，开发国外市场，寻求新的市场需求。

（二）成本导向型动机

成本导向型的国际直接投资主要以利用国外相对廉价的各种原材料和生产要素，降低公司的综合生产成本，提高经营效益为目的。

（1）出于自然资源因素。如果公司产品生产的原材料来源于国外，生产的产品最终销往原材料来源国，那么公司在原材料产地从事生产经营活动既可以降低运输费用，还可以为公司获得稳定的原材料供应。

（2）出于劳动力和土地等生产要素。工业发达国家之所以对于劳动密集型工业进行对外直接投资，主要是利用发展中国家廉价的劳动力，以降低生产成本。此外，如果本国土地要素价格偏高，公司可以通过对外直接投资将生产经营转移到价格相对较低的国家。

（3）出于汇率因素。汇率变动会直接导致出口商品价格的变动。当一国货币升值时，会使其出口商品以外币表示的价格升高，影响其商品在国际市场中的竞争力；在这种情况下，该国公司往往会扩大对外直接投资，以克服本币升值的不利影响。

（4）出于关税税率因素。如果一个国家的关税税率高，那么其他国家的公司就有可能为了降低产品成本而在该国进行投资生产；反之，如果一个国家的关税税率低，国内市场上进口商品竞争力强，将会促使该国公司到生产成本更低的国家投资建厂。

（5）出于闲置设备、工业产权和专有技术的因素。对外直接投资向国外输出闲置的设备与技术及产权资源，可以减少在国外公司的生产与经营成本，并可以实现规模生产，提高经营效益。

（三）技术与管理导向型动机

技术与管理导向型动机的国际直接投资主要获取和利用国外先进的技术、生产工艺、新品设计和先进的管理经验等。有些先进的技术和管理经验通过公开购买的方式不易获取，可以通过在国外设立合营公司或并购当地公司的方式获取。获取和充分利用先进的技术和管理经验，可以促进投资公司的发展，并提高其国际竞争力。技术与管理导向型动机的国际直接投资一般集中于发达国家和发达地区。

（四）分散投资风险导向型动机

分散投资风险导向型动机的国际直接投资主要是为了分散和减少公司所面临的各种风险。一般而言，公司所要分散的国际直接投资风险主要是政治、经济、自然和社会文化方面的风险。投资者在社会稳定国家直接投资的目的是寻求政治上的安全感，因为社会稳定的国家一般不会采取干预私有经济等不利于公司发展的相关措施，公司在这类国家从事生产经营决策的灵活性较大。

（五）优惠政策导向型动机

优惠政策导向型动机的国际直接投资主要目的是利用东道国政府的优惠政策以及母国政府的鼓励性政策。东道国政府为了吸引外来投资，会制定对外来投资者的优惠政策，如优惠的税收和金融政策，以及优惠的土地使用政策，并尽可能创造良好的投资环境。这些优惠政策将诱导本国公司或个人做出对外直接投资的决策。

四、国际直接投资的方式

国际直接投资可以采取两种方式，即并购东道国公司和在东道国创建新公司。投资者需要根据不同的情况对这两种方式进行比较分析。

（一）并购东道国公司

并购方式目前已经成为设立海外公司的主要方式。与创立新公司相比，国际直接投资并购东道国公司的主要优点有：第一，可以利用东道国目标公司现有的生产设备、技术人员和熟练的工人，获得对并购公司发展非常有用的技术、专利和商标等无形资产，同时，还可以大幅缩短项目的建设周期。第二，可以利用东道国目标公司原有的销售渠道，快速进入当地市场及他国市场，缩短市场开拓时间。第三，通过跨行业的并购活动，可以迅速扩大经营范围和经营地点，增加经营方式，促进产品的多样化和生产规模的扩大化。第四，可以减少市场上的竞争对手。第五，通过并购后再次出售目标公司的股票或资产，可以使并购公司获得更多利润。并购东道国公司也存在一定缺点：第一，由于被并购公司所在国的会计准则与财务制度往往与投资者所在国存在差异，有时难以准确评估被并购公司的真实情况，导致并购目标公司的实际投资金额较高。第二，东道国反托拉斯法的存在以及对外来资本股权和被并购公司行业的限制，是并购行为在法律和政策上的限制因素。第三，对一国公司的并购数量和并购金额较大时，会受到当地舆论的抵制。第四，被并购公司原有契约或传统关系的存在，会成为对其进行改造的障碍。

（二）在东道国创建新公司

创建海外公司可以由外国投资者投入全部资本，在东道国设立一个拥有全部控制权的公司；也可以由外国投资者与东道国的投资者共同投资，在东道国设立一个全新的合资公司。在东道国创建新公司的优点有：第一，创建新的海外公司不易受到东道国法律和政策上的限制，也不易受到当地舆论的抵制；第二，在多数国家，创建海外公司比收购海外公司的手续要简单；第三，在东道国创建新公司，尤其是合资公司，常常会享受到东道国的优惠政策；第四，在东道国创建新公司，对所需要的资金一般都能做出准确的估价，不会像收购海外当地公司那样遇到繁琐的后续工作。

在东道国创建新公司的缺点有：第一，创建海外公司常常需要一段时间的项目经营建设期，所以投产、开业较慢；第二，创建海外公司不像收购海外公司一样，可以利用原有公司的销售渠道，不利于迅速进入东道国及其他国家市场；第三，不利于迅速进行跨行业经营，迅速实现产品与服务的多样化。

1. 国际合资公司

国际合资公司是指外国投资者和东道国投资者作为一个共同的投资项目联合出资，按照东道国有关法律在东道国境内建立的公司。

国际合资公司是股权式合营公司，它的特点是各方共同投资、共同经营、共担风险、共享利润。国际合资公司是当前国际直接投资中最常见的形式。建立国际合资公司的优点是可以充分发挥各投资方在资金、技术、原材料、销售等方面的优势，形成组合优势；容易取得优惠待遇，减少投资风险；不易受到东道国民族意识的抵制。但是，由于投资各方的出发点不同，短期和长期的发展目标不同，在共同的经营管理中有时也会产生分歧和冲突，影响公司的正常运转。

2. 国际合作公司

国际合作公司是指外国投资者和东道国投资者在签订合同的基础上，依照东道国法律共同设立的公司。它最大的特点是合作各方的权利、义务均由各方通过磋商在合作合同中约定，是典型的契约式合营公司。

国际合作公司和国际合资公司总体利弊相似，只是国际合作公司是以合同规定作为各方合作的基础，所以在公司形式、利润分配、资本回收等方面可以采用比较灵活的方式，便于适应合作各方的不同需要。

3. 国际独资公司

国际独资公司是指外国投资者依照东道国法律在东道国设立的全部资本为外国投资者所有的公司。作为单独出资者，外国投资者独立承担风险，单独经营、管理独资公司，独享经营利润。由于享有公司完全的所有权和经营管理权，建立独资公司的方式为跨国公司，尤其是大型跨国公司所偏爱。因为建立国际独资公司可以做到垄断技术，避免泄露公司商业秘密，但是在经营上往往受到东道国比较严格的限制，容易受到当地民族意识的抵制，经营风险较大。

第二节　国际直接投资理论

一、垄断优势理论

20 世纪 60 年代初，美国学者海默（Stephen H Hymer）研究了美国企业对外直接投资情况，发现对外直接投资与垄断的工业部门结构有关，他在《国内企业的国际经营：对外直接投资的研究》中首次提出以垄断优势来解释对外直接投资的理论概念。这是最早研究对外直接投资的独立理论，即垄断优势理论（Monopolistic Advantage Theory）。他认为垄断优势是开展对外直接投资的决定性因素。美国企业走向国际化的主要动机是充分利用自己具有独占性的生产要素优势，以谋取高额利润。

垄断优势理论将垄断优势分为以下四类：

（1）产品市场不完全的垄断优势：跨国公司拥有产品差异化能力、商标、销售技术和渠道或其他市场特殊能力，以及包括价格联盟在内的各种价格操纵的条件。

（2）要素市场不完全的垄断优势：技术的专有和垄断，既可以使跨国公司的产品与众不同，又可以限制竞争者进入；研发费用是推动企业技术创新的决定要素；跨国公司可凭借其拥有的较高的金融信用等级，在资本市场以较低的成本筹集资金。

（3）规模经济的垄断优势：规模经济投入对于计划进入市场与跨国公司竞争的新企业是难以逾越的门槛。跨国公司可以利用国际专业化生产来合理配置生产经营的区位，避免母国和东道国对公司经营规模的限制，以此扩大市场份额。

（4）政府干预的垄断优势：东道国和母国政府可通过市场准入、关税、利率、税率、外汇及进出口管理等方面的政策法规对跨国公司的直接投资进行干预。跨国公司可以从政府提供的税收减免、补贴、优先贷款等方面的干预措施中获得某种垄断优势。在完全竞争市场中，国际贸易是企业进入国际市场的唯一方式，企业将根据比较利益原则从事进出口活动。但在现实生活中，市场是不完全的，市场上存在障碍和干扰，例如关税壁垒和非关税壁垒等。

二、内部化理论

内部化理论（Theory of Internalization）也称市场内部化理论，它是 20 世纪 70 年代，由英国学者巴克利（Peter Buckley）、卡森（Mark Casson）和加拿大学者鲁格曼（Allan M Rugman）共同提出的。巴克利和卡森在 1976 年合著的《跨国企业的未来》及 1978 年合著的《国际经营论》中，对跨国公司的内部化形成过程的基本条件、成本与收益等问题进行了明确的阐述，促使人们重新审视内部化概念。内部化是指企业以内部市场代替外部市场，从而解决市场不完全带来的不能保证供需双方的交易正常进行的问题，其中企业内部的转移价格起着润滑剂作用。

内部化理论认为：市场存在不完全性，企业通过外部市场会导致附加成本增加，通过跨国公司形成的内部市场能克服外部市场的交易障碍，弥补市场不完全缺陷所造成的风险与损失。

三、产品生命周期理论

产品生命周期理论（Theory of Product Life Cycle）是美国哈佛大学教授雷蒙德·弗农（Raymond Vernon）在 1966 年发表的《产品周期中的国际投资与国际贸易》一文中提出的。弗农强调了创新的时机、规模经济和不稳定性等因素的重要性，把产品的生命周期划分为创新、成熟和标准化三个阶段。在创新阶段，由于创新国垄断着新产品的生产技术，产品的需求价格弹性很小，企业主要利用产品差别竞争手段，力图通过垄断技术与产品生产来占领市场。在成熟阶段，产品逐渐标准化，产品的生产技术基本稳定，市场上出现了仿制品和替代品，在国内市场需求扩大的同时市场竞争也日趋激烈，新产品生产企业的技术垄断地位和寡占市场结构被削弱，产品的需求价格弹性增大，创新型企业开始进行对外直接投资。在标准化阶段，产品的生产技术、工艺、规格等已完全标准化，产品已完全成熟，创新国企业的技术优势已经丧失，企业之间的竞争更加激烈。由于竞争的焦点和基础是产品的成本和价格，因此，企业将在世界范围内寻找适当的产品生产区位，通过对外直接投资将产品的生产转移到发展中国家和地区，以降低生产成本，继续参与市场竞争。产品生命周期理论的独到之处在于将企业所拥有的优势同该企业所生产的产品生命周期的变化联系起来，这样就为当时的对外直接投资理论增加了时间因素和动态分析。

四、比较优势理论

比较优势理论（Theory of Comparative Advantage）也称为边际产业扩张论，20世纪70年代由日本一桥大学教授小岛清（Kiyoshi Kojima）提出。小岛清在其1979年出版的《对外直接投资论》和1981年出版的《跨国公司的对外直接投资》《对外贸易论》等论著中提出，对外直接投资应从本国已处于或即将处于比较劣势的产业依次进行，包括处于比较劣势的劳动密集型产业或者某些行业中装配或生产特定部件的劳动力密集的生产环节或工序，这些产业虽然在投资国已处于不利地位，但在东道国拥有比较优势。因此，在本国已趋于比较劣势的生产活动都应通过直接投资依次向国外转移。他认为，国际贸易是按既定的比较成本进行的，根据上述原则所进行的对外投资可以扩大两国的比较成本差距，创造出新的比较成本格局。

比较优势理论从宏观的角度结合日本企业对外投资的具体情况进行了研究，指出只有比较利益原则才是企业开展对外直接投资的决定因素。比较优势理论认为，中小企业作为投资主体，拥有的技术更适合东道国当地的生产要素结构，较好地解释了中小企业对外投资的原因和动机。比较优势理论也存在以下不足：比较优势理论符合20世纪80年代以前日本大量向发展中国家投资的情况，但它无法解释20世纪80年代以后日本企业对欧美等发达国家制造业的大量投资；此外，这一理论也无法说明发达国家服务业对外投资的迅速增加以及发展中国家向发达国家的逆向投资。

27

五、国际直接投资理论的共同出发点

国际直接投资理论从不同的角度研究企业的国际投资活动。尽管各种理论的体系和方法不同，但它们有着共同的出发点：第一，直接投资不同于证券投资，直接投资中除了包含资本要素的国际移动，还包含投资企业的技术、品牌、信息和管理才能等生产要素的转移。第二，国际直接投资是企业在国内市场发展到一定规模和具有相对优势时的海外扩张行为。第三，大多数学者侧重研究微观的企业行为，如研究跨国公司对外直接投资的决定因素、竞争优势、条件及方式等。第四，对外直接投资理论的研究主要涉及以下六个基本问题：一是采用什么样的理论模式和研究方法来解释跨国公司的对外直接投资行为。二是如何用成本与收益分析方法评价跨国公司对外直接投资的效益。三是对外直接投资的关键性因素或制约条件。四是企业开展对外直接投资的主要动机是什么。五是企业的竞争优势与核心竞争力。六是企业如何选择国外的区位。

第三节　国际直接投资环境及评估方法

一、国际直接投资环境概述

（一）国际直接投资环境的概念

投资环境，顾名思义，是指投资者进行生产投资时所面临的各种外部条件和因素。投资是一种冒险，如同自然界的气候一样，"投资气候"也会因为各种因素的影响而变幻莫测，从而影响投资者的投资行为。投资环境是各种客观条件和因素的总合，是一个动态、系统、多层次、多因素的综合体。国际直接投资环境是指一国投资者进行国际直接投资活动时，所面临的各种外部客观条件和因素，既包括经济方面的，也包括自然、政治、法律、社会、文化和科技方面的。

（二）国际直接投资环境的分类

国际直接投资环境可以从不同的角度分为不同的类型：

第一，根据各种环境因素所具有的物质性和非物质性，我们可以把国际直接投资环境分为硬环境和软环境两个方面。硬环境和软环境分别称为物质环境和人际环境，或称为有形环境和无形环境。所谓硬环境是指能够影响国际直接投资的外部物资条件，如能源供应、交通和通信、自然资源以及社会服务设施等；所谓

软环境是指能够影响国际直接投资的各种非物质因素，如经济发展水平与市场规模、贸易与关税政策、财政与金融政策、外资政策、经济法规、经济管理水平、工人的技术熟练程度以及社会文化等。

第二，根据包含的内容和因素的多寡，我们可以把国际直接投资环境分为狭义的投资环境和广义的投资环境。狭义的投资环境是指投资的经济环境，即一国经济发展水平、经济体制、产业结构、外汇管制和货币稳定状况等。广义的投资环境除经济环境外，还包括自然、政治、社会文化和法律等可能对投资产生影响的所有外部因素。

（三）国际直接投资环境的影响因素

根据各因素的稳定性，影响国际直接投资环境的因素可以归纳为三类，即自然因素、人为自然因素和人为因素，见表2-1。

表2-1　影响国际直接投资环境的因素（按因素稳定性划分）

A. 自然因素	B. 人为自然因素	C. 人为因素
A_1 自然资源	B_1 实际增长率	C_1 开放进程
A_2 人力资源	B_2 经济结构	C_2 投资刺激
A_3 地理条件	B_3 劳动生产率	C_3 政策连续性
A_4 其他	B_4 其他	C_4 其他
相对稳定	中期可变	短期可变

（四）国际直接投资环境的主要内容

1. 国际直接投资环境主要内容的变化

国际直接投资环境的主要内容随着时间的推移而变化，并且不断丰富（见图2-1）。最初，人们关注的重点是硬环境，俗称"七通一平"，即通水、通电、通气、通邮、通路、通商、通航及场地平整等有形环境；后来，人们发现软环境，即办事效率、教育文化、风俗习惯、政策法规、投资政策等也非常重要，尽管它是无形的，但对投资决策的制定和投资项目的运营有很大影响；现在，人们不仅关注硬环境和软环境，而且重视产业生态环境。随着数字技术的发展与广泛应用，数字生态环境也成为人们关注的新内容。

2. 国际直接投资环境的具体内容

（1）政治环境。政治环境是指一个国家或地区在一定时期内的政治状态，主要包括东道国的政治制度、政权稳定性、政策连续性、政策措施、行政体制和

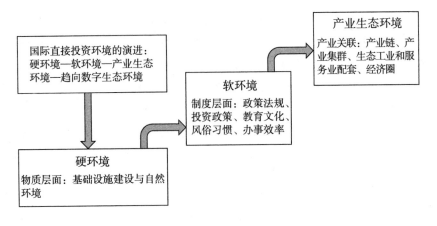

图2-1 国际直接投资环境主要内容的演进

行政效率、行政对经济的干预程度、政府对外来投资的态度、国际关系等。政治制度充分体现东道国的管理形式、结构形式、选举制度和公民行使政治权力的制度等；一个国家的根本性质与社会经济基础相适应，会影响东道国的法律制度和经济体制。政治稳定性主要体现在东道国的政治系统保持动态的有序性和连续性，具体体现在领导人常规性和非常规性的更换次数，以及东道国的国内民族、宗教及其他社会文化团体的情况，军队和警察的情况等。不同的政治制度会对国际间资本流动造成一定影响。

（2）法治环境。东道国的法律环境会对国际投资活动造成较大影响。法治环境主要包括法律秩序、法律规范、法律制度和司法实践，特别是涉外法制的完备性、稳定性和连续性，以及人民的法治观念和法律意识等。东道国通常会从实际出发，制定和完善各项吸引外资、鼓励资本输出、保护国际直接投资的相关法律制度来调整投资关系。完善的外资法律制度主要包括外资的评价、外资审查与批准、税收及优惠政策等；法律的公正性主要体现为东道国能够公正地以统一标准对待每一个诉讼主体，以及东道国的法律环境较为透明，因此外国投资者不会遭遇歧视，自身的权益能够得到客观公正的保障。

（3）经济环境。经济环境是国际投资环境的重要组成部分。经济环境主要包括东道国的经济体制、经济稳定性、经济发展阶段、经济发展战略、经济增长率、劳动生产率、财政、货币、金融、信贷体制及政策、对外贸易体制与政策、地区开发政策、外汇管理制度、国际收支情况、商品和生产要素市场的状况与开放程度，人口状况和人均收入水平等。投资国与东道国的经济体制越接近，东道国经济体制越完善，越方便两国的资本流动国际投资活动的开展。经济发展水平为一国一定时期内的经济发达程度及人民的收入水平、消费水平和生活质量等，既决定东道国对国际资本的吸纳能力，又影响投资者对投资地点和投资产业的选择；经济稳定性主要受到经济发展水平、经济周期、社会总供给、社会总需求等各种因素的影响，主要体现在物价、利率、汇率经济发展速度、国家债务规模、通货膨胀率等方面。

（4）社会环境。东道国的社会环境是经过长期过程所形成的，是影响国际投资诸多变量中最复杂、最直接的变量之一，主要包括社会安定性、社会风气、社会秩序、社会对企业的态度、教育、科研机关与企业的关系、社会服务等。东道国的文化环境主要包括民族意识、开放意识、价值观念、语言、教育、宗教等，从不同方面影响和制约着人们的消费观念、消费需求、消费特点、购买行为和生活方式。其中，价值观念是东道国民众对社会中各种事物的态度和看法，在不同的文化背景下，人们的价值观念往往存在很大的差异。教育水平对国际投资活动的影响主要体现在东道国民众受教育水平的高低对劳动力素质的影响。

（5）自然地理环境。自然地理环境是指与投资有关的自然条件，包括地理位置、自然资源、气候与人口因素。自然因素具有不可控性、相对稳定性、行业差异性和盈利相关性等特点。地理位置主要体现在东道国与投资国的距离，近距离的跨国投资，可以降低运输成本和风险，节约运输时间，为国际投资活动提供便利，因为毗邻国家在语言、历史风俗等方面的文化障碍相对较低。自然资源一般是投资者重点考虑的投资因素，东道国拥有某种天然原材料，价格比较低廉，供应比较稳定是投资国选择东道国开展国际投资活动的重要因素。人口因素是指东道国的人口数量、人口结构和人口分布，直接决定了市场规模和市场发展空间；其中人口的年龄结构是国际投资活动的最关键影响因素，直接影响国际投资活动的劳动力成本和目标市场的选择。

（6）基础设施建设。基础设施是吸引外资的重要物质条件，狭义的基础设施包括公路、铁路、码头、机场等交通设施及其他公共设施。广义的基础设施包括厂房设备、供水供电设备、能源与辅助材料供应、通信设备、金融保险机构、城市生活设施、文教设施及其他社会服务设施等。基础设施的完备性，尤其是工业基础设施和生活服务设施的完备性是跨国投资者重点考察的方面，可为国际投资活动提供便利性。产业配套环境也是跨国投资者比较关注的问题，主要包括工业和服务业的配套能力、原材料与零部件半成品的方便程度、产业链投资与产业集聚、企业集群布局等。

二、国际直接投资环境的评估方法

投资环境的好坏直接影响国际直接投资决策以及国际直接投资的风险和收益，因此，在做出投资决策之前要对国际直接投资环境进行综合评估。对国际直接投资环境进行评估时，大多是将众多的投资环境因素分解为若干具体指标，然后综合评价。目前国际上常用的比较典型的评估方法分为定性评估方法和定量评估方法。定性评估方法有投资障碍分析法、国别冷热比较法；定量评估方法有等级评分法、动态分析法、加权等级评分法，以及世界银行的营商环境评估法、成本分析法等。

（一）投资障碍分析法

投资障碍分析法是依据阻碍国际投资的潜在因素的多寡与这些因素阻碍国际投资的程度来评价投资环境优劣的一种方法。这是一种简单易行的、以定性分析为主的国际投资环境评估方法，其要点是列出外国投资环境中阻碍投资的主要因素，并在所有潜在的东道国中进行比较，根据投资环境中障碍因素的多与少来断定其好或坏。阻碍国际投资的因素主要包括以下十类：

（1）东道国政治障碍。东道国政治制度与母国不同；政治动荡（包括政治选举变动、国内骚乱、内战、民族纠纷等）。

（2）东道国经济障碍。经济停滞或增长缓慢；国际收支赤字增大、外汇短缺；劳动力成本高；通货膨胀和货币贬值；基础设施落后；原材料等基础产业薄弱。

（3）东道国资金融通障碍。资本数量有限；没有完善的资本市场；资金融通的限制较多。

（4）东道国技术人员和熟练工人短缺。

（5）东道国施行国有化政策与没收政策。

（6）东道国对外国投资者实施歧视性政策。禁止外资进入某些产业；对当地的股权比例要求过高，要求有当地人参与企业管理；要求雇用当地人员，限制外国雇员的数量。

（7）东道国政府对企业干预过多。实行物价管制；规定使用本地原材料的比例；东道国国有企业参与竞争。

（8）东道国普遍限制工业品和生产资料的进口。

（9）东道国实行外汇管理，限制投资本金、利润等的汇回。

（10）东道国法律、行政体制不完善。包括外国投资法规在内的国内法规不健全；缺乏完善的仲裁制度；行政效率低；贪污受贿现象普遍。

投资障碍分析法的优点在于能够迅速、便捷地对投资环境做出判断，并减少评估过程中的工作量和费用，但它仅根据个别关键因素做出判断，准确度不高，有时会使跨国公司错失一些好的投资机会。

（二）国别冷热比较法

国别冷热比较法又称冷热国对比分析法或冷热法，它是用冷因素和热因素来表示投资环境优劣的一种评估方法。热因素多的国家为热国，即投资环境优良的国家；反之，冷因素多的国家为冷国，即投资环境差的国家。这一方法是美国学者伊西阿·利特法克和彼得·班廷于 20 世纪 60 年代末提出的，他们根据美国 250 家企业对海外投资的调查资料，将各种环境因素综合起来分析，归纳出影响海外投资环境冷热的 7 个基本因素、59 个子因素，并评估了 100 个国家的投资环境。所谓热国或热环境，是指该国政治稳定、环境市场机会大、经济增长较快且稳定、文化相近、法律限制少、自然条件有利、地理文化差距不大；反之，即为冷国或冷环境，不冷不热者则居中。表 2-2 所列的 10 个国家从前到后的顺序反映了这 10 个国家当时的投资环境由热到冷的排序。在表 2-2 所列的七大因素中，前四种的程度大就称为热环境，后三种的程度大则称为冷环境。当然，"中"为不大也不小，即不冷不热的环境。由此看来，影响一国投资环境的七个因素中，前四种因素越小，后三种因素越大，其投资环境就越差，即越冷。

表 2-2　10 个国家的投资环境的冷热程度比较

投资环境		国家	政治稳定性	市场机会	经济发展与成就	文化的一元化程度	法令障碍	实质障碍	地理文化差距
热	A	加拿大	大	大	大	中	小	中	小
	B	英国	大	中	中	大	小	小	小
	C	德国	大	大	大	大	中	小	中
	D	日本	大	大	大	大	中	小	大
	E	希腊	小	中	中	中	小	大	大
	F	西班牙	小	中	中	中	中	大	大
	G	巴西	小	中	小	中	大	大	大
	H	南非	小	中	中	小	大	大	大
	I	印度	中	中	小	小	大	大	大
冷	J	埃及	小	小	小	小	大	大	大

资料来源：1968 年伊西阿·利特法克和彼得·班廷对 20 世纪 60 年代后半期美国、加拿大等国大量工商界人士进行的调查资料。

在这项研究中，学者们还计算了美国250家企业在上述东道国的投资进入模式的频率分布。结果表明，随着目标市场由热国转向冷国，企业将越来越多地采用出口进入模式，越来越少地采用投资进入模式。在一般热国家，采用出口进入模式的占47.2%，采用在当地设厂生产模式的占28.5%，采用技术许可合同和混合模式的占余下的24.3%。与此形成鲜明对照的是，在一般冷国家，采用出口进入模式的占82.6%，采用投资进入模式的仅占2.9%，采用技术许可合同和混合模式的占余下的14.5%。在一般中国家，采用不同进入模式的占比介于上述两类国家之间。

（三）等级评分法

投资环境等级评分法又称多因素等级评分法，它是美国经济学家罗伯特·斯托色夫于1969年提出的。等级评分法的特点是：首先将直接影响投资环境的关键因素分为八个，其次根据这八个关键因素所起的作用和影响程度的不同确定其等级分数，再次按每一个因素中的有利或不利方面给予不同的评分，最后把各因素的等级得分进行加总作为对其投资环境的总体评分，总分越高表示其投资环境越好，总分越低则表示其投资环境越差（见表2-3）。

表2-3　投资环境等级评分标准

投资环境因素	等级评分标准（分）	投资环境因素	等级评分标准（分）
一、资本抽回	0~12	三、对外商的歧视和管制程度	0~12
无限制	12	对外商与本国企业一视同仁	12
只有时间上的限制	8	对外商略有限制但无管制	10
对资本有限制	6	对外商有少许管制	8
对资本和红利都有限制	4	对外商有限制并有管制	6
限制十分严格	2	对外商有限制并严加管制	4
禁止资本抽回	0	对外商严格限制并严加管制	2
		禁止外商投资	0
二、外资股权	0~12	四、货币稳定性	4~20
准许并欢迎全部外资股权	12	完全自由兑换	20
准许全部外资股权但不欢迎	10	黑市与官价差距小于一成	18
准许外资占大部分股权	8	黑市与官价差距在一至四成	14
外资所占股权最多不得超过半数	6	黑市与官价差距在四成至1倍	8
只准外资占小部分股权	4	黑市与官价差距在1倍以上	4
外资所占股权不得超过三成	2		
不准外资控制任何股权	0		

续表

投资环境因素	等级评分标准（分）	投资环境因素	等级评分标准（分）
五、政治稳定性	0~12	七、当地资金的可获得性	0~10
长期稳定	12	有完善的资本市场，有公开的证券交易所	10
稳定，但取决于关键人物	10	有少量当地资本，有投机性证券交易所	8
政府稳定，但内部有分歧	8	当地资本少，外来资本不多	6
常有各种压力左右政府的政策	4	短期资本极其有限	4
有发生政变的可能	2	资本管制很严	2
不稳定，极有可能发生政变	0	资本外流严重	0
六、关税保护程度	2~8	八、近五年的通货膨胀率	2~14
给予充分保护	8	低于1%	14
给予适当保护，但以新工业为主	6	1%~3%	12
给予少数保护，但以新工业为主	4	3%~7%	10
很少保护或不给予保护	2	7%~10%	8
		10%~15%	6
		15%~30%	4
		高于30%	2
		总分	8~100

从表2-3中我们可以看出，等级评分法所选取的因素都是对投资环境有直接影响且投资决策者最关心的因素，同时这些因素所包含的内容又都较为具体，评价时所需的资料易于取得，易于比较。在对具体环境的评价上，采用了简单累加计分的方法，使定性分析具有了一定的数量化内容，且不需要高深的数理知识，比较直观，简便易行，一般的投资者都可以采用；在各项因素的分值确定方面，采取了区别对待的原则，在一定程度上体现出了不同因素对投资环境作用的差异，反映了投资者对投资环境的一般看法。这种投资环境评估方法的采用有利于投资环境评估的规范化。但是，这种评估方法也存在三个缺陷：一是对投资环境的等级评分带有一定的主观性；二是标准化的等级评分法不能如实反映环境因素对不同的投资项目所产生的影响的差别；三是所考虑的因素不够全面，特别是忽视了某些投资硬环境方面的因素，如东道国交通和通

信设施的状况等。

（四）动态分析法

投资环境不仅因国家而异，而且在同一国家内也会因所处时期不同而不同。因此，在评估投资环境时，不仅要考虑环境因素的过去和现在，而且要预测环境因素今后可能出现的变化及其影响。这对企业来说是十分重要的，因为对外直接投资短则5年或10年，长则15年或20年以上，有的甚至是无期限的。这就需要从动态的、发展变化的角度来分析和评估投资目标国的投资环境。美国陶氏化学公司从这一角度出发制定并采用了动态分析法来评估投资环境。

陶氏化学公司认为，其在国外投资所面临的风险可分为两类：第一类是正常企业风险，或称竞争风险。例如，企业的竞争对手也许会生产出一种性能更好或价格更低的产品。这类风险存在于任何基本稳定的企业环境中，它们是商品经济运行的必然结果。第二类是环境风险，即某些可以使企业环境本身发生变化的政治因素、经济因素及社会因素。这类因素往往会改变企业的经营规则和方式，对投资者来说这些因素的影响往往是不确定的，既可能是有利的，也可能是不利的。这样，陶氏化学公司就把影响投资环境的诸因素按其形成的时间及作用范围的不同分为两部分：一是企业现有业务条件；二是引起这些条件变化的主要原因。这两部分又分别包括40个因素。在对这两部分做出评价后，提出预测方案，通过比较选择出具有良好投资环境的投资场所。

表2-4中第一栏是企业现有业务条件，主要对投资环境因素的实际情况进行评价；第二栏是引起这些条件变化的主要原因，主要考察政治、经济及社会因素今后可能引起的投资环境变化；第三栏是对有利因素和假设的汇总，即在对前两部分做出评价的基础上，找出8~10个使投资项目获得成功的关键因素，以便对其连续地进行观察和评价；第四栏是预测方案，即根据对未来7年中的环境变化的评估结果提出4套预测方案供企业决策时参考。陶氏化学公司的动态分析法之所以以未来7年为时间长度，是因为该公司预计投资项目投产后的第7年是盈利高峰年。

动态分析法有优点也有缺点，它的优点是充分考虑了未来环境因素的变化及其结果，从而有助于公司减少或避免投资风险，保证了投资项目获得预期收益；它的缺点是过于复杂，工作量大，而且常常带有较大的主观性。

表2-4　投资环境动态分析法

1. 企业现有业务条件	2. 引起这些条件变化的主要原因	3. 对有利因素和假设的汇总	4. 预测方案
评价以下因素： （1）实际经济增长率 （2）能否获得当地资产 （3）价格控制 （4）基础设施 （5）利润汇出规定 （6）再投资的自由 （7）劳动力技术水平 （8）劳动力稳定性 （9）投资优惠 （10）对外国人的态度 … （40）	评价以下因素： （1）国际收支结构及趋势 （2）被外界冲击时易受损害的程度 （3）经济增长相对于预期目标的差距 （4）舆论界和领袖观点的变化 （5）领导层的确定性 （6）与邻国的关系 （7）恐怖主义的破坏 （8）经济和社会进步的平衡 （9）人口构成和人口变动趋势 （10）对外国人和外国投资的态度 … （40）	对前两部分做出评价后，从中挑选出8～10个使某国的某项目获得成功的关键因素（这些关键因素将成为不断查核的指数或继续作为投资环境评价的基础）	提出4套有关国家或项目的预测方案： （1）未来7年"最可能"的方案 （2）若情况比预期的好，会好多少 （3）若情况比预期的糟，会糟多少 （4）会使公司"遭难"的方案

（五）加权等级评分法

加权等级评分法是在前面所介绍的投资环境等级评分法的基础上演进出来的，该方法由美国学者威廉·戴姆赞于1972年提出。企业在运用这种方法时大体上要采取以下三个步骤：

（1）对各环境因素的重要性进行排序，并给出相应的权数。

（2）根据各环境因素对投资产生不利影响或有利影响的程度进行等级评分，每个因素的评分范围都是从0（完全不利的影响）到100（完全有利的影响）。

（3）将各种环境因素的实际得分乘以相应的权数，并进行加总。按照总分的高低，可供选择的投资目标国被分为以下五类：①投资环境最优的国家；②投资环境较好的国家；③投资环境一般的国家；④投资环境较差的国家；⑤投资环境恶劣的国家。

表2-5是采用评分法对甲、乙两国投资环境进行评估和比较的结果。

表2-5　投资环境加权等级评分法

按其重要性排列的环境因素	甲国			乙国		
	（1）权数	（2）等级评分（0~100）	（3）加权等级评分＝（1）×（2）	（1）权数	（2）等级评分（0~100）	（3）加权等级评分＝（1）×（2）
1. 财产被没收的可能性	10	90	900	10	55	550

按其重要性排列的环境因素	甲国			乙国		
	（1）权数	（2）等级评分（0~100）	（3）加权等级评分=（1）×（2）	（1）权数	（2）等级评分（0~100）	（3）加权等级评分=（1）×（2）
2. 动乱或战争造成损失的可能性	9	80	720	9	50	450
3. 收益的汇回	8	70	560	8	50	400
4. 政府的歧视性限制	8	70	560	8	60	480
5. 在当地以合理成本获得资本的可能性	7	50	350	7	90	630
6. 政治稳定性	7	80	560	7	50	350
7. 资本的汇回	7	80	560	7	60	420
8. 货币稳定性	6	70	420	6	30	180
9. 价格稳定性	5	40	200	5	30	150
10. 税收水平	4	80	320	4	90	360
11. 劳资关系	3	70	210	3	80	240
12. 政府给予外来投资的优惠待遇	2	0	0	2	90	180
加权等级总分		5360			4390	

表2-5中甲国的加权等级总分为5360分，大于乙国的4390分，这意味着甲国的投资环境优于乙国的投资环境。如果跨国公司面临在甲、乙两国之间选择投资场所的机会，甲国是比较理想的选择。

（六）世界银行的营商环境评估法

2002年，世界银行启动营商环境评价（Doing Business）项目，根据监管程序的复杂性和成本以及法律体系的强度度量中小企业全生命周期所处的经营环境。2003年首次发布的《营商环境报告》用5个一级指标评估了133个经济体的营商环境，此后每年公布一份报告，直至2020年。《营商环境报告》涵盖12个商业监管领域，其中开办企业、办理施工许可、获得电力、产权登记、获得信贷、保护少数投资者、纳税、跨境贸易、合同执行和破产办理10项指标被列入营商环境便利度评分和营商环境便利度排名，劳动力市场监管为参考值（见表2-6）。从法治化和便利化角度，可以将12项一级指标分为两类：一类反映监管过程的复杂程度和费用支出，包括开办企业、办理施工许可、获得电力、产权登记、纳税、跨境贸易、政府采购7项指标；另一类反映法制保障程度，包括获得信贷、保护少数投资者、合同执行、破产办理和劳动力市场监管5项指标。《营商环境报告》比较了各经济体每年的营商监管环境，为各经济体提高监管效率、优化营商环境提供了基准指标，有利于推动全球营商环境改善，但这套指标体系没有涉及经营地的安全、贿赂和腐败、市场规模、宏观经济的稳定、金融系统状况、劳动力的培训水平和技能，也没有包括企业获取电力供应的可靠性和获得信贷的可能性。2021 年 9 月 16 日，世界银行集团（WBG）高级管理层决定停止发布《营商环境报告》，并宣布将研究评估商业和投资环境的新方法。

表 2-6　世界银行的营商环境指标体系

一级指标	二级指标
1. 开办企业	办理程序（数量）
	办理时间（天数）
	费用（在人均收入中的占比）
	最低注册资本金（在人均收入中的占比）
2. 办理施工许可	办理程序（数量）
	办理时间（天数）
	费用（在仓库价值中的占比）
	建筑质量控制指数（1~15 分）
3. 获得电力	办理程序（数量）
	办理时间（天数）
	费用（在人均收入中的占比）
	供电稳定性和收费透明度指数（0~8 分）
4. 产权登记	办理程序（数量）
	办理时间（天数）
	费用（在登记财产中的占比）
	土地管控质量指数（0~30 分）
5. 获得信贷	法律权利强度指数（0~12 分）
	信用信息深度指数（0~8 分）
6. 保护少数投资者	信息披露程度指数（0~10 分）
	董事责任指数（0~10 分）
	股东诉讼便利指数（0~10 分）
	股东权利指数（0~6 分）
	所有权和控制权指数（0~7 分）
	公司透明度指数（0~7 分）

一级指标	二级指标
7. 纳税	纳税（次数/年）
	公司纳税时间（小时/年）
	总税率和贡献率（在利润中的占比）
	税后实务流程指数（Postfiling Index）（0~100 分）
	增值税退税办理时间（小时）
	退税到账时间（周）
	企业所得税审计申报时间（小时）
	企业所得税审计完成时间（周）
8. 跨境贸易	出口耗时：单证合规（小时）
	出口耗时：边境合规（小时）
	出口费用：单证合规（美元）
	出口费用：边境合规（美元）
	进口耗时：单证合规（小时）
	进口耗时：边界合规（小时）
	进口费用：单证合规（美元）
	进口费用：边界合规（美元）
9. 合同执行	解决商业纠纷的时间（天数）
	解决商业纠纷的成本（在索赔额中的占比）
	司法程序的质量指数（0~18 分）
10. 破产办理	回收率（每 1 美元可回收多少）
	破产法律框架的强度指数（0~16 分）
11. 劳动力市场监管	就业监管灵活性
	工作质量控制方面的灵活性
12. 政府采购	通过公共采购及公共采购规管架构参与及获得工程合约的程序及时间

资料来源：世界银行《2020 年营商环境报告》。

（七）成本分析法

成本分析法是西方跨国公司常用的一种评估方法。该方法的主要内容是假设某跨国公司有三种决策，即出口、直接投资、转让技术，然后考察国际投资环境对跨国公司经营成本的影响，计算不同决策下跨国公司的经营成本，并将三种成本进行比较，最终哪项决策成本较低，则为最优决策。

例如，假设 C 为在投资国生产的正常成本、C^* 为在东道国生产的正常成本、

M^*为出口销售成本（包括运输成本、保险成本和关税成本等）、D^*为技术专利成本、A^*为国外经营的附加成本。那么，$C+M^*$为出口成本，C^*+A^*为建立子公司的直接投资成本，C^*+D^*为以转让技术专利方式在国外进行生产的成本。比较这三种成本时会出现以下三种结果：

（1）$C+M^*<C^*+A^*$，即出口成本低于国际直接投资成本，跨国公司应选择出口。

（2）$C+M^*<C^*+D^*$，即出口成本低于转让技术专利成本，跨国公司应选择出口。

（3）$C^*+A^*<C^*+D^*$，即直接投资成本低于转让技术专利成本，跨国公司应建立子公司。

与其他评估方法相比，成本分析法提供了一种崭新的思路，其将跨国公司参加国际市场的三种方式结合起来，通过成本比较进行分析，便于跨国公司选择更为合适的投资方式。但在计算三种成本时，应选择什么样的评估指标体系进行定量分析和计算，仍有待进一步研究。

上述三种国际投资环境评估方法的角度不同，侧重点各异。国际投资者在具体评价东道国的投资环境时，应在充分掌握信息资料的基础上，综合运用多种评估方法，也可根据实际情况灵活地对评估方法加以调整、增删，以便获取更科学、更公正、针对性更强的评估结果，以指导国际投资决策。

第四节　国际直接投资协调

一、国际直接投资协调的含义与作用

（一）国际直接投资协调的含义

国际直接投资协调指的是通过制定和签署国际投资协定与条约等形式，对国际直接投资活动当事各方的财产、权利、利益等给予保护并协调彼此间的关系。就现状而言，国际直接投资协调有双边层次、区域层次、多边层次等。随着国际直接投资的业务扩大和跨国公司的发展，进行有效的国际投资协调的必要性越来越明显。

（二）国际直接投资协调的作用

开展国际直接投资协调的作用主要包括四个方面：第一，国际直接投资协调可以保障投资者与投资公司、东道国与投资母国的权利和利益，促进国际投资业务发展。第二，国际直接投资协调可以缓解东道国与跨国公司的利益冲突。虽然当今世界大多数国家都推动跨国投资，但跨国公司进入后，还是经常与东道国产生矛盾和利益冲突，因此，需要进行协调解决矛盾。第三，国际直接投资协调有利于克服东道国彼此间的优惠政策竞争。为了吸引外商投资，加快经济发展，东道国政府，尤其是发展中国家政府都不同程度地对外商投资给予一些优惠待遇，借助国际直接投资协调加以规范和约束，可以避免优惠政策的恶性竞争。第四，国际直接投资协调可以缩小不同国家间的国内政策差异，形成统一的国际投资规则。受经济发展水平、经济发展模式和法律制度的影响，不同国家的外商投资具体政策存在差异，只有通过不断的国际协调和谈判，才能缩小差异，形成被国际广泛认可的国际投资规则。国际投资规则的性质与作用应类似于货物贸易领域的《关税与贸易总协定》（GATT）和服务贸易领域的《服务贸易总协定》（GATS）。综上所述，国际直接投资协调的重要性在于确保各国投资者、东道国及母国的合法权益，并为国际经济增长提供支持，减少国家间的经济摩擦，推动经济全球化发展；使各国能够在国际经济中平等参与，共享经济增长的机遇。

二、双边投资协定

双边投资协定（BIT）是资本输出国与资本输入国之间签订的，旨在鼓励、保护和促进两国间私人直接投资活动的双边协定与条约的总称。在国际投资法律体系中，双边投资协定占据着重要的地位；在保护和促进私人直接投资活动方面，双边投资协定是迄今为止最有效的国际法制。截至 2020 年底，实施中的国际投资协定的数量为 2646 个。截至 2022 年 9 月 20 日，联合国贸易和发展会议投资政策中心数据库中有 234 个经济体签订的 3291 个国际投资协定，其中 BIT 有 2861 个，生效的有 2219 个；投资条款的国际协定有 430 个，生效的有 336 个[①]。

目前双边投资协定主要有四种类型：

（一）投资保证协定

投资保证协定由美国创立，之后被某些建立有海外投资保险制度的国家所效仿，所以也称为美国式的双边投资协定。它的特点是重在对国际投资活动中的政策风险提供保证，主要内容包括承包范围、代位求偿权和争端解决等。

---

① 资料来源：联合国贸易和发展会议、《世界投资报告 2021》。

（二）促进与保护投资协定

促进与保护投资协定由于是原联邦德国首创，也称联邦德国式投资协定。其特点是内容详尽具体，以促进和保护两国私人国际直接投资为中心内容，既含有促进和保护投资的实体性规定，也含有关于代位求偿权、争端解决等程序性规定。

（三）友好通商航海条约

友好通商航海条约是在相互友好的政治前提下，针对通商航海等事宜全面规定两国间经济、贸易关系的一种贸易条约。这种条约本来不属于双边投资协定，但是 20 世纪 60 年代以后，在美国等国家的推动下，在这类条约中增加了保护国际投资的原则性规定。

（四）双边税收协定

双边税收协定与国际直接投资有直接关系，主要作用是协调不同国家间在处理跨国纳税人征税事务和其他有关方面的税收关系。

双边投资协定是国际投资法的重要组成部分，在保护外国投资方面发挥着重要的作用：双边投资协定因缔约国只有两方，较之谋求多国间利益平衡的多边投资条约，更易于在平等互利的基础上顾及双方国家的利益而达成一致，所以双边投资协定为许多国家广泛采用；双边投资协定为东道国创设了良好的投资环境；双边投资协定（如促进与保护投资协定）既含有关于缔约方权利和义务的实体性规定，又有关于代位权、解决投资争议的程序性规定，为缔约国双方的私人海外投资者预先规定了建立投资关系所应遵守的法律规范和框架，从而可以保证投资关系稳定，避免和减少法律障碍；双边投资协定不仅规定了缔约国之间因条约的解释、履行而产生争议的解决途径与程序，还为投资争议的妥善解决提供了有力的保证。

双边投资协定（如促进与保护投资协定）的主要内容有：受保护的投资、收益和投资者；关于外国投资的待遇，包括公正与合理待遇、最惠国待遇和国民待遇；关于政治风险的保证，包括征用和国有化（国有化的条件，征用和国有化的方式，征用与国有化的补偿）、汇兑与转移；代位求偿权；争端与仲裁等。

三、区域投资协定

区域投资协定是特定区域内国家间或区域性的经济组织签署的旨在促进和保护相互投资的协定与条约的总称。区域投资协定的签订，既可以强化对相互间投资的保护与促进，又可以有力地推动区域内国际投资的自由化。

目前区域投资协定主要有两种类型：

（一）专门针对国际直接投资的协议或协定

如经济合作与发展组织于1976年制定的《国际投资与跨国企业宣言》，安第斯条约组织于1970年制定的《安第斯共同市场外国投资规则》，以及东南亚国家联盟于1987年制定的《新加坡、泰国等六国关于促进和保护投资的协定》。

（二）区域直接投资的协议或协定

区域直接投资的协议或协定，有的是区域性自由贸易协定（FTA）涉及的，如《北美自由贸易协定》《加强东盟经济合作的框架协议》等；有的是区域性的经济协定涉及的，如亚太经济合作组织（APEC）的《茂物宣言》《执行茂物宣言的大阪行动议程》，以及欧盟的《建立欧洲共同体条约》《欧洲联盟条约》等。其中，《北美自由贸易协定》虽然属于自由贸易方面的协定，但其内容涉及不少投资问题，如投资与服务条款、投资保护条款、争端解决机制条款、知识产权保护条款、原产地规则条款等。

区域投资协定的主要内容包括：投资准入问题、投资政策自由化、投资鼓励措施、外商投资企业的待遇标准、投资保护、投资争端解决以及技术转让、竞争和环境保护、与跨国投资相关的问题。相较于双边投资协定，区域投资协定具有不同的特点主要是：第一，区域投资协定追求的目标比双边投资协定高；第二，区域投资协定涉及更为广泛的与投资相关的内容，如自由化和保护方面的内容；第三，区域投资协定开始重视投资者与东道国的争端解决问题。

四、多边投资协定

多边投资协定指的是国际经济组织为了协调和规范不断扩大的国际投资业务而制定和起草的有关国际投资方面的条约与协定。第二次世界大战结束以来，不少国际经济组织都制定了涉及投资方面的多边投资协定，总数近20个，见表2-7，但是真正付诸实施并具有约束力的并不多。目前付诸实施的主要有5个：《多边投资担保机构公约》《关于解决国家和他国国民之间投资争端的公约》《与贸易有关的投资措施协定》《服务贸易总协定》《与贸易有关的知识产权协定》。另外，分别由OECD和WTO组织起草、谈判的《多边投资协定》《多边投资框架》影响也很大，但是到目前为止都未能成功。

表2-7 第二次世界大战以来部分与多边投资有关的协议、协定和公约

年份	名称	制定者	是否有约束力	是否通过	备注
1949	《关于外国投资的公正待遇的国际法典》	国际商会	无约束力	通过	

续表

年份	名称	制定者	是否有约束力	是否通过	备注
1965	《关于解决国家和他国国民之间投资争端的公约》（《华盛顿公约》）	世界银行	有约束力	通过	中国已参加
1972	《国际投资准则》	国际商会	无约束力	通过	
1976	《经济合作与发展组织关于国际投资与多国企业的宣言》	OECD	无约束力	通过	
1976	《联合国国际贸易法委员会仲裁规则》	联合国	示范	通过	
1977	《关于多国企业和社会政策原则的三方宣言》	国际劳工组织	无约束力	通过	
1977	《打击勒索和贿赂行为准则与建议》	国际商会	无约束力	未通过	
1979	《联合国关于发达国家和发展中国家避免双重征税的协定》	联合国	无约束力	通过	
1979	《国际不正当支付协议（草案）》	联合国	示范	通过	
1980	《联合国关于控制限制性商业惯例的公平原则和规则的多边协议》	联合国	无约束力	未通过	
1983	《跨国公司行为守则（草案）》	联合国	无约束力	未通过	
1985	《国际技术转让行为守则（草案）》	联合国	无约束力	未通过	
1985	《多边投资担保机构公约》（MIGA 公约，《汉城公约》）	世界银行	有约束力	通过	中国已参加
1992	《关于外国直接投资的待遇指南》	世界银行	无约束力	通过	
1994	《与贸易有关的投资措施协定》（《TRIM 协定》）	GATT/WTO	有约束力	通过	中国已参加
1994	《服务贸易总协定》（GATS）	GATT/WTO	有约束力	通过	中国已参加
1994	《与贸易有关的知识产权协定》（《TRIPS 协定》）	GATT/WTO	有约束力	通过	中国已参加
1996	《多边投资协定》（MAI）	OECD	无约束力	未通过	
2001	《多边投资框架》（MFI）	WTO	无约束力	未通过	
2016	《二十国集团全球投资指导原则》	二十国集团（G20）	无约束力	通过	

（一）《多边投资担保机构公约》

为降低在发展中国家投资的政治风险（非商业性风险），促进国际资本流向发展中国家，加快发展中国家的经济发展，世界银行于 1985 年 10 月草拟的《多边投资担保公约》（也称《汉城公约》）获得了世界银行年会的批准，并于 1988 年 4 月 12 日起正式生效。同时，还成立了多边投资担保机构（简称 MIGA）作为世界银行下属的分支机构，该机构是具有完全法人资格的独立的国际组织。1988年4月，中国正式加入了《多边投资担保机构公约》，成为其中的缔约国之一。

构建多边投资担保公约，可以帮助发展中国家加强与世界各地的国际投资活动，有效促进经济合作。多边投资担保公约的服务范围涵盖所有可能的金融服务，并将通过合理的方式确保所有参与者的合法权益得到有效的维护。

多边投资担保机构承担的险别主要包括：第一，货币汇兑险。东道国政府采取的任何限制外国投资者将货币兑换成可自由使用的货币或可接受的另一种货币，并汇出东道国境外的措施。第二，征收及类似措施风险。东道国政府的立法行为对其投资或投资收益的所有权或控制权对可能造成的损失而提供补偿的保险。第三，违约险。东道国政府违反与投资者签订的合同，导致投资者可能遭受的损失提供补偿的保险。第四，战争和内乱风险。东道国发生军事行动或社会动乱而给投资者造成的损失提供补偿的保险。

（二）《关于解决国家和他国国民之间投资争端的公约》

20 世纪 50 年代以后，一些发展中国家开展了规模较大的国有化运动，使国际投资争端大量产生。同时，发达国家与发展中国家不能就投资争端的解决方式和原则达成一致，对国际资本的流动产生了很大影响。为了解决此类问题，世界银行于 1965 年 3 月主持签订了《关于解决国家和他国国民之间投资争端的公约》（也称《华盛顿公约》），于 1966 年 10 月生效。根据公约，世界银行设立解决投资争端国际中心，用以专门处理各国与其他国家国民之间的投资争议。该中心的法律地位与多边投资担保机构相同，具有完全法人资格，中心设有一个行政理事会和一个秘书处。中国于 1990 年 2 月签署了该公约，于 1993 年 2 月正式加入该公约。

该公约第 25 条第 1 款规定：解决投资争端国际中心的管辖，适用于缔约国与另一缔约国国民之间直接因投资而产生并经双方书面同意提交给中心任何法律争端。当双方表示同意后，任何一方不得单方面撤销其同意。由此可见，中心管辖的条件是：争端必须发生在缔约国国民或机构与另一缔约国国民或机构之间；争端性质必须是直接因投资引起的法律争端；争议双方书面同意将争端提交给中心。中心管辖具有排他性，主要表现在两个方面：一是排除其他救济方法，公约规定，双方同意根据公约交付仲裁，应视为同意排除任何其他救济方法。二是排除外交保护，即缔约国对其国民和另一缔约国根据公约已同意交付或已交付仲裁的争端，不得给予外交保护或提出国际诉讼，除非另一缔约国未能遵守和履行对此项争端的解决而进行的非正式的外交上的交往。

解决一国与其他国家国民之间的投资争端主要有调解和仲裁两种形式。如果想进行调解，则需向中心秘书长提出书面申请（内容包括有关争端事项、当事人双方的身份以及双方同意依照调解程序规则进行调解等）。调解的程序是：第一，在申请被登记后，成立由双方认可的调解员组成的调解委员会。第二，调解委员会澄清双方发生争端的问题，并努力使双方就共同可接受的条件达成协议。第三，如果双方达成协议，委员会则起草一份报告，指出发生争端的问题，并载明双方已达成的协议；如果在程序进行的任何阶段，委员会认为双方已不可能达成协议，则结束此项程序，并起草报告，指出调解并未使双方达成协议。

　　另一种解决争端的形式是仲裁。与调解相同，希望采取仲裁程序的缔约国或缔约国的国民，应向秘书长提出书面请求（内容包括有关争端事项、双方的身份以及双方同意依照交付仲裁的程序规则提交仲裁等）。仲裁的程序是：第一，组成仲裁庭，成员来自解决投资争端国际中心的仲裁人小组。第二，做出裁决，仲裁庭应以其全体成员的多数票对问题作出决定，裁决应处理提交仲裁庭的每一个问题，并说明所根据的理由，未经双方当事人的同意不得公布裁决。第三，裁决的解释、修改和撤销。第四，裁决的承认与执行，裁决对双方具有约束力，双方不得进行任何上诉或采取除公约规定外的任何其他补救办法，除依照公约有关规定予以停止执行的情况外，每一方应遵守和履行裁决的规定。

复习思考题

1. 国际直接投资的基本形式有哪些？
2. 国际直接投资的主要动机是什么？
3. 跨国并购的概念、类型与动因是什么？
4. 国际直接投资环境包括哪些主要内容？
5. 国际直接投资环境的评估方法有哪几种？
6. 国际直接投资协调的含义与作用？

第三章 国际直接投资的主体

学习要点

本章主要介绍国际直接投资的两大主体——跨国公司和跨国银行。包括：跨国公司的概念及类型，跨国公司的衡量标准和作用，跨国公司的形成、发展及趋势，跨国公司的组织结构，跨国银行的概念发展历程、组织结构和形式职能等。通过本章学习可以对跨国公司和跨国银行的相关问题有一个基本的理解与整体的把握。

第一节 跨国公司概述

一、跨国公司的概念、类型及特征

（一）跨国公司的概念

跨国公司（Transnational Corporations，TNC）是从事跨国经营业务的国际性企业，是国际直接投资的主体，世界上绝大部分的国际直接投资是由跨国公司进行的。1963年，美国的《每周商务杂志》对跨国公司的定义为：第一，在一个国家设立生产场所或其他形态的直接投资；第二，它具有世界性预测能力，其经营者在市场开发、生产和研究等方面，能做出适用于世界各国的基本决策。1971年，英国专家邓宁（John H Dunning）教授将跨国公司定义为："在一个以上的国家拥有或者控制生产设施的企业。"1977年联合国跨国公司中心发布的《跨国公司行为守则草案》将跨国公司定义为："由两个或多个国家的实体所组成的公营、私营或混合所有制企业，该企业在一个决策体系下运营，通过一个或多个决策中心制定协调的政策和共同的战略；该企业中的各个实体通过所有权或其他方式结合在一起，从而其中一个或更多实体能够对其他实体的活动施加有效的影响，特别是与其他实体共享知识、资源和责任。"这一定义不仅指出了跨国公司的跨国经营性及母公司对子公司的控制力，而且特别强调了跨国公司内部管理、生产经营、战略实施的统一性。1979 年英国学者尼尔·胡德（Neil Hood）和斯蒂芬·杨（Stephen Young）在《跨国企业经济学》中对跨国公司做出与邓宁类似的定义：跨国公司是指在一个以上的国家拥有全部（或部分）控制和管理能产生收益的资产企业，这就是从事国际生产，即通过对外直接投资、筹资进行的跨国界生产。

综上所述，不同的机构和学者将跨国公司定义为全球公司、国际公司、多国公司等。本书将跨国公司定义的三种主要标准简单介绍如下：

1. 结构标准

结构标准包括地区分布标准、所有权结构标准和股权结构标准三方面的内容：

（1）地区分布标准：欧洲共同体和美国哈佛大学认为，跨国公司应至少在 6 个国家建立生产设施，以达成其跨国性的目标。加拿大政府也认可这一观点，即跨国公司是一种海外直接投资的实体，它可以跨越 4 个或 5 个国家，从而实现其全球性的目标。目前，一般认为跨国公司至少要在两个或两个以上的经济体设立经营实体。

（2）所有权结构标准：企业的所有权结构应该由两个或两个以上国籍的人共同拥有，或者企业的高层管理人员也应该来自两个或两个以上的国家。

（3）股权结构标准：对于要在境外公司中拥有多少股权才能被视为本国的跨国经营企业，各国有不同的规定，如美国规定在 10% 以上，日本规定在 25% 以上。

2. 业绩标准

业绩标准是指跨国公司销售额或跨国化指数应达到某个最低数值。美国哈佛大学"美国多国公司研究项目"的主持人雷蒙德·弗农（Raymond Vernon）认为，跨国公司的年销售额应超过 1 亿美元；联合国贸易和发展会议认为，跨国公司的营业额应在 10 亿美元以上。跨国化指数指国外资产值/总资产值、国外销售额/总销售额、国外雇员数/总雇员数的算术平均值。

3. 行为标准

跨国公司的行为标准旨在实现其全球性的发展，并将其中所有成员的共享与整体收益作为其追求的共识，从而让企业在不断发展的过程中，实现可持续发展的宏伟愿景。

本书综合上述观点，认为跨国公司是一种具有全球性的企业，它们在多个国家进行运营，拥有一个统一的管理架构和全球性的战略目标，并且通过共享资源和信息来分担不同的责任。

（二）跨国公司的类型

全球跨国公司的价值理念与决策方式存在明显差异，跨国公司主要类型按不同标准分类如下：

1. 按跨国经营领域分类

（1）资源开发型跨国公司。资源开发型跨国公司以获得母国所短缺的各种生产资源为目的，主要涉及种植业、采矿业、石油业和铁路等领域。当前，资源开发型跨国公司仍集中于采矿业和石油开采业，如著名的埃克森美孚公司、壳牌公司等。

（2）加工制造型跨国公司。加工制造型跨国公司主要从事机器设备制造和零配件中间产品的加工业务，以巩固和扩大市场份额为主要目的。此类公司以生产加工为主，进口大量投入品生产各种消费品供应东道国或附近市场，或者对原材料进行加工后再出口。美国通用汽车公司作为世界上最大的汽车制造公司，是加工制造型跨国公司的典型代表。

（3）服务提供型跨国公司。服务提供型跨国公司主要是指向国际市场提供技术、管理信息、咨询、法律服务以及营销技能等无形产品的公司，包括跨国银行、保险公司、咨询公司、律师事务所以及注册会计师事务所等。服务提供型跨国公司已成为跨国公司的重要形式。

2. 按跨国经营结构分类

（1）垂直型跨国公司。垂直型跨国公司是指母公司和各分支机构之间实行纵向一体化专业分工的公司。纵向一体化专业分工有两种具体形式：一是母子公司生产和经营不同行业的相互关联产品；二是母子公司生产和经营同行业不同加工程序和工艺阶段的产品。这类公司的特点是全球生产的专业化分工与协作程度高，各个生产经营环节紧密相扣，便于公司按照全球战略发挥各子公司的优势；而且由于专业化分工，有利于实现标准化和规模经济效益。

（2）横向型跨国公司。横向型跨国公司是指母公司和各分支机构从事同一种产品的生产和经营活动的公司。在公司内部，母公司和各分支机构在生产经营上专业化分工程度较低。这类跨国公司的特点是母公司、子公司之间在公司内部相互转移生产技术和商标专利等无形资产，有利于增强公司的整体优势，减少交易成本，从而形成规模经济。其特点是地理分布区域广泛，通过设立不同国家和地区的分支机构，克服东道国的贸易壁垒，进而拓展国际市场。

（3）混合型跨国公司。混合型跨国公司是指母公司和各分支机构生产和经营互不关联产品的公司。在世界范围内实行多样化经营，将相关行业组合起来，强化生产与资本的集中，充分体现规模经济效应，有效分散经营风险。但由于经营多种业务，混合型跨国公司更倾向于围绕加强核心业务开展国际多样化经营活动。

3. 按决策行为分类

（1）民族中心型跨国公司。民族中心型跨国公司是指以本民族为中心，其决策行为主要体现母国与母公司的利益。公司的管理决策高度集中于母公司，对海外子公司采取集权式管理模式。其优点是能充分发挥母公司的中心调整功能；缺点是不利于发挥子公司的自主性与积极性。

（2）多元中心型跨国公司。多元中心型跨国公司是指其决策行为倾向于体现东道国与海外子公司的利益，母公司允许子公司根据东道国的实际情况，独立自主地设定长期发展战略和经营目标。母公司对子公司采取分权式管理体制。这种管理体制的优点是强调管理的灵活性与适应性，有利于充分发挥各子公司的积极性和责任感；缺点是母公司难以统一调配资源，具有一定局限性。

（3）全球中心型跨国公司。全球中心型跨国公司是指既不以母公司为中心，也不以分公司为中心，其决策哲学是公司的全球利益最大化。一般情况下，公司采取集权与分权相结合的管理体制，这种管理体制的优点是各子公司在限定范围内有一定的自主权，可以根据母公司的总体经营战略范围自行制订具体的实施计划，有利于调动子公司的经营主动性和积极性。从不同的角度，跨国公司可以被划分成不同的类型。

（三）跨国公司的特征

世界上的跨国公司种类很多，有从事制造业的跨国公司、从事服务业的跨国公司；有规模巨大的跨国公司，还有数以万计的中小型跨国公司，跨国公司一般具有如下特征：

1. 全球化战略目标

所谓全球化（Globalization）战略，就是在世界范围内有效配置公司资源，将公司的要素优势与国外的政治、关税、非关税壁垒和生产要素优势等投资环境的差异条件联系起来统筹考虑，采取优势互补，使有限的要素资源发挥最大的效用，使公司的整体利益最大化。跨国公司的战略以世界市场为目标，总公司对公司的投资计划、生产安排、价格体系、市场分布、利润分配、研制方向及重大决策实行高度集中，统一管理。跨国公司在实现全球化战略目标过程中，必定要有资源（商品、服务、资本、技术等）的跨国界转移，因此跨国公司在指导各个业务环节、协调国外分支机构的经济活动中，要具有"全球思维"。

2. 构建一体化生产经营体系

跨国公司实现其全球战略的关键在于实施"公司内部一体化"。这一原则要求实行高度集权的管理体制，即以母公司为中心，把遍布世界各地的分支机构和子公司统一为一个整体，把资产、科研、生产、销售和服务等经营活动进行一体化部署，以达到管理成本更低、管理效率更高的目的。其中，跨国公司的生产经营体系实际上是公司内部分工在国际范围内的再现，母公司与国外的附属公司之间以及各附属公司之间的交易正是上述分工的具体表现形式。只有通过内部交易，跨国公司才能作为一个国际化生产体系正常运转。因为跨国公司的经营不仅要面临国内经营所面临的环境，更为重要的是必须面对东道国环境因素的差异和国际环境因素的变化。特别是在外部市场不完善的条件下，跨国公司将鼓励各分支机构进行内部贸易。从商品贸易来看，由于内部交易成本低于外部交易成本，而且可以避税，跨国公司内部交易占国际贸易的比重越来越大；从技术转移来看，跨国公司转移到国外的技术主要是流向其拥有多数股权或全部股权的国外子公司。加强全球化经营的计划性、预见性，同时也有利于跨国公司对其全球生产经营体系的有效控制。

3. 实施跨境并购和非股权投资

经济全球化打破了不同国家、不同市场之间的界限，使跨国公司的经营进入全球化战略时代。由此导致国内外企业在全球市场区域内取得产业优势成为新的发展趋势，从而进一步提高国际占有率并取得国际利益，国内外企业主要采取了同业跨国战略兼并和强强联合等手段。由于海外兼并模式具备快速打进海外金融市场、扩展商品类型、利用已有市场营销途径、获取目标企业的市场份额等优势，国内外企业在投融资中偏向于更多地采取兼并的形式。随着大型跨境并购活动的开展，跨国公司也越来越重视提高本中小企业在资本交易市场上的价值；随着数字技术的广泛应用及出于规避地缘政治风险和投资保护主义的需要，跨国公司的股权投资需求减少，非股权投资需求增加，非股权投资已成为跨国公司拓展全球市场的重要渠道，尤其是在农业、高科技产业和研发领域。

4. 采取战略伙伴联盟

"战略伙伴联盟"通常被定义为两家或多家企业，通过协商交流和分享资源来实现共同目标。战略伙伴联盟企业之间通常会共同进行研发（R&D）、生产和市场拓展等，从而建立起一种可持续的战略合作。战略伙伴联盟企业更多依靠联盟内其他企业的资源、技术、管理等方面的优势，实现企业的可持续增长。在全球范围内，跨国公司的战略伙伴联盟已经遍布各个领域，特别是在高科技企业开展的战略伙伴联盟取得了成功。如充满挑战的半导体、IT、电子、生物工程、汽车制造、仪器、航空、金融机构等高度依赖的行业，它们的战略协同涵盖了从设计、生产、营销、客户满意度的各个环节。

5. 开启全球研发模式

跨国公司正在转变其传统的研发布局，利用各自的人才、技术和科研基础设施优势，在全球范围内组建研究机构，以提高研发效率。跨国公司在海外进行研发活动旨在节省成本，并且更加贴近市场，以满足各种消费者的需求。欧盟在2021年发布的《2021年欧盟产业研发投入记分牌》（2021 *EU Industrial R&D Scoreboard*）中表明，2010～2020年，全球的研发支出呈现出明显的上升趋势，其中，2020年度全球 R&D 支出最大的 2500 家企业的总支出高达 9089 亿欧元，占比高达 90%。在 2500 家企业中，Alphabet、华为、微软、三星、苹果的 R&D 投入位居前 5 名，这些企业的 R&D 费用分别为 224.7 亿欧元、174.6 亿欧元、168.8 亿欧元、159.0 亿欧元、152.8 亿欧元，研发密度分别为 15.1%、15.7%、12.3%、9.0% 和 6.8%。其中华为公司的 R&D 支出列世界第 2 位。

6. 多样化经营活动

跨国公司的多样化经营活动分为三种类型：一是产品扩展多样化，是指跨国公司的业务拓展到与现有产品生产或需求有一定程度联系的产品领域；二是地域市场扩展多样化，是指将一处产品的销售扩展到不同地理区域的市场中；三是混合多样化，是指跨国公司的业务扩展到与现有产品的生产和需求不相关的产品领域。从市场营销学的角度，为了适应不同层次、不同类型的市场需求，同一产品还需要实现差异化，也就是进行市场细分。多样化经营的经验是根据生产、销售过程的内在需要，将关联的生产联系起来，进而向其他行业渗透，形成生产多种产品的综合体系。

跨国公司多样化经营的优势有五条：第一，增强跨国公司总体经济潜力，防止过剩资本的形成，确保公司顺利发展，有利于全球战略目标的实现；第二，有利于资金的合理流动和合理分配，提高生产要素和副产品的利用率；第三，有利于分散风险，稳定跨国公司的经济效益；第四，可以充分利用生产余力，延长产品生命周期，增加利润；第五，节省共同费用，增加企业的机动性。

（四）跨国公司的作用

跨国公司作为世界经济的一个重要力量，随着世界经济的全球化趋势，跨国公司在决定贸易流量和流向方面的作用越来越大，对全球经济的发展作用显著。

1. 跨国公司是世界经济增长的引擎

以对外直接投资为基本经营手段的跨国公司已发展成为世界经济增长的引擎，其作用主要表现在：第一，跨国公司通过对研究与开发的巨大投入，推动了现代科技的迅猛发展；第二，跨国公司的内部化市场促进了全球市场的发展与扩大，在传统的外部市场之外，跨国公司又创造了跨越国界的新市场；第三，跨国公司的发展加速了世界经济的集中化倾向；第四，跨国公司在产值、投资、就业、出口、技术转让等方面均在世界占有重要的地位。

2. 跨国公司优化了国际资源配置

跨国公司通过进行一体化国际生产和公司间贸易，可以形成配置和交换各国不同生产要素的最佳途径，并可利用世界市场作为组织社会化大生产、优化资源配置的重要手段。以价值增值链为纽带的跨国生产体系的建立和公司间内部贸易的进行已成为跨国公司提高资源使用效率的有效方法。对于整个世界经济而言，跨国公司的发展推动了各种生产要素的国际流动与重新组合配置，扩大了国际直接投资、国际贸易和国际技术转让的规模，促进了经济全球化的进程和国际合作活动的开展，使各个国家的经济越来越紧密地结合，为国际经济的发展做出了贡献。跨国公司对资金跨国流动的促进作用表现为三个方面：第一，跨国公司的对外直接投资促进了资金的跨国流动。在国外建立的全资或控股子公司与母公司有大量的、经常的资金往来。第二，跨国公司的对外间接投资也会促进资金的跨国流动。跨国公司拥有的大量股票及债券等金融资产，随着信息技术的快速发展，国际金融资产的流动速度明显加快。第三，跨国公司业务发展推动了银行的国际化经营，跨国公司需要母国的银行在其子公司所在的国家中开展业务，并为其子公司提供各种金融服务，这就会使该银行的国外业务量迅速增加。

3. 跨国公司推动国际贸易规模和贸易结构转变

跨国公司对国际贸易的促进作用主要有两个方面：第一，反映在国际公司在外资公司对东道国出口的直接贡献；第二，反映在由国际直接投资进入所引起的当地公司的产品出口。跨国公司不仅通过外部市场促进贸易的自由化，还通过企业内部市场促进贸易的便利化。跨国公司的企业内部市场使跨国公司超越一般国内公司，对当代世界经济发展形成了突出贡献。

4. 跨国公司对母国和东道国的发展发挥积极作用

对于跨国公司母国来说，通过跨国公司的对外直接投资，扩大了资本输出、技术输出、产品输出和劳务输出，增加了国民财富，也增强了对接受投资国的影响。对于接受跨国公司投资的东道国而言，在引进跨国公司的同时，也引进了发展经济所必需的资本、先进的技术和管理理念，增加了就业机会，优化了产业结构，扩大了出口，促进了经济全球化进程。

二、跨国公司的形成、发展及趋势

第二次世界大战后跨国公司的影响遍及全球。21 世纪，跨国公司创新发展出现了新的公司形态——全球公司（Global Corporation，GC）。跨国公司的形成与发展是基于社会生产力和科技水平的突飞猛进，以及国外直接投资的快速发展，造就了国际分工模式，推动了世界经济全球化的发展趋势。

（一）跨国公司的形成

17~18 世纪，新航线和新大陆的发现，扩大了国际商业活动的空间范围，推动了现代跨国公司的诞生。其中，著名的特权贸易公司有英国东印度公司（The British East India Company）、英国皇家非洲公司（The British Royal African Company）、英国哈德逊湾公司（The British Hardson's Bay Company）、荷兰东印度公司（The Dutch East India Company）和汇丰银行（Hong Kong and Shanghai Banking Corporation）。特权贸易公司并不是现代意义上的跨国公司，只是具有了跨国公司的某些特征。由于它们是从事掠夺性经营的殖民地公司，不利于各国民族经济的发展，遭到了各国强烈的反对。

从 19 世纪产业革命至第一次世界大战，先驱的跨国公司通过对外直接投资，在海外设立分支机构和子公司。当时具有代表性的制造企业有：1865 年德国弗里德里克·拜耳公司在美国纽约的奥尔班尼开设的一家制造苯胺的工厂；1866 年瑞典制造甘油、炸药的阿佛列·诺贝尔公司在德国汉堡开设的炸药工厂；1867 年美国胜家缝纫机公司在英国格拉斯哥创办的缝纫机装配厂；英国最大的油脂食品公司尤尼莱佛公司的前身——英国利华兄弟公司，1885 年在利物浦用椰子油做原料制造肥皂，并在所罗门群岛和西非开发椰子种植园。美国的威斯汀豪斯电气公司、爱迪生电气公司、伊斯特曼·柯达公司，以及新泽西州的美孚石油公司等也纷纷到国外投资设厂，开展跨国性经营，成为现代跨国公司的先驱。跨国公司由小到大、由弱到强的跨国经营活动有两大特征：一是业务活动的重心由各自的殖民地向其他国家扩张；二是由经营商品买卖转向投资生产活动。资本输出是跨国公司形成的基础。进入垄断资本主义时期，在工业发达国家，资本输出成了普遍现象，真正意义的跨国经营已然形成。

（二）跨国公司的发展

第二次世界大战后，跨国公司的发展进入了高速增长期。生产的集中和资本的积累使大型垄断企业已不满足于国内市场，而是通过国外直接投资，将资本转移到生产要素丰富、劳动力充裕、市场广阔而资金短缺的国家，使垄断资本充分发挥潜能。

1. 发达国家的跨国公司

第二次世界大战前，英国是世界上最大的资本输出国，它主要的投资方式是证券投资，即购买外国的股票和债券，如购买铁路债券和政府公债等。第二次世界大战后，欧洲各国百废待兴，急需国外资本进入。1948年，美国国会通过马歇尔计划，以援助欧洲复兴为名企图控制西欧。美国要求接受援助的西欧各国放宽对美国投资和商品输出的限制，为美国资本和商品的进入奠定基础。美国主要采用对外直接投资的方式，即在国外投资设厂，从事生产和销售活动。20世纪70年代，美国对外直接投资达到顶峰，占资本主义世界对外直接投资的50%以上。并购后的欧洲大公司在争夺世界资本和商品市场的过程中向美国公司提出挑战，在世界500强跨国公司中，法国、德国和英国的跨国公司挤进了前10名。20世纪80年代，由于美国资本主义经济发展不平衡规律的作用，美国跨国公司地位相对下降，但美国投资的绝对数额仍保持领先地位。20世纪90年代，美国经济连续增长，失业率和通货膨胀率则维持在较低水平。20世纪末至21世纪初，美国公司在世界500强跨国公司中占1/3，在利润最高的前50名中占1/3。美国公司的这种特殊地位可归因于美国对外直接投资的领先地位。日本海外直接投资起步晚，但发展速度很快。在世界500强榜单中，日本上榜公司数量仅次于美国，占据第二位①。总之，美国、欧盟、日本的跨国公司既有共性又有个性。它们的特点是：美国跨国公司在国外生产方面占优势，欧盟的跨国公司在商品输出和国外生产方面都有所发展，而日本的跨国公司则在商品输出上见长。

2. 发展中国家的跨国公司

第二次世界大战后，西方跨国公司在全球范围内掀起并购浪潮，进行了一场全球性的结构调整。发展中国家和地区在国际直接投资中的地位上升，吸收外资水平提升，促进了当地企业的发展和壮大。发展中国家的企业因外向型发展和参与国际竞争，形成了自己的跨国公司。1978年，联合国跨国公司中心的《再论世界发展中的跨国公司》把发展中国家的多国公司称为发达国家跨国公司的"竞争新对手"。在2020年世界500强榜单中，中国有133家企业。发展中国家和地区的跨国公司，在性质和业务经营模式上与发达国家的跨国公司不同，其特点如下：

---

① UNCTAD. World investment report（2020）［EB/OL］. http：//www. unctad. org.

一是合资性。发展中国家的跨国公司在海外的子公司90%是合资企业,一般采用与当地企业合资经营的方式,共同投资,共同管理①。

二是地区性。发展中国家的跨国公司的子公司大多数分布在邻近国家和地区。以东南亚为基地的多国公司,其海外子公司有87%设在东南亚地区;以拉丁美洲为基地的多国公司,它们的子公司有75%设在本地区②。

三是适用性。发展中国家的跨国公司除了对外直接投资,还积极开发和转让"适用技术",最大限度地满足东道国市场的基本需要,并且为东道国提供更多就业机会,提高工业化水平,缩小发展差距。

四是灵活性。发展中国家的跨国公司与发达国家跨国公司不同,往往采用小规模、专门化、标准化的技术设备,以投入较少的技术设备生产较多的产品品种,符合东道国市场需求。以此实现投资项目多、运用资金少、资金周转快、企业收益大,有利于发展中国家的经济发展。

3. 跨国公司的作用

基于以上分析,第二次世界大战后,在发达国家跨国公司占据世界经济主体地位的同时,发展中国家的跨国公司开始崛起。发展中国家的跨国公司的形成和发展,有利于合理利用各国资源,发挥优势,共同提高经济效益;有利于促进各自经济体自力更生,加强发展中国家的经济合作;有利于推动经济全球化发展,改变少数发达国家垄断世界经济贸易的不平衡格局,提高发展中国家同发达国家的谈判地位。

（三）跨国公司发展趋势

进入21世纪,以知识为基础、以金融为中心、以信息为先导、以跨国公司为依托的新世纪经济全球化的特征越来越明显。全球化的跨国公司的发展进入了崭新阶段。

1. 向"无边界"的全球公司发展

为了更好地适应经济全球化的发展,出现了一种新的公司形态——全球公司,可使跨国公司脱离母国身份,进行无边界的开放式经营,在全球范围内进行资源的优化配置,建立全球范围内的价值链关系,以全球化的最高利益开展技术研发、国际资本运作、生产体系统筹和全球销售。跨国公司的"国家属性"明显弱化,"无边界"开放性特征显著增强,如美国国际商业机器公司（IBM）被称为全球整合企业（The Globally Integraled Enterprise）。为了应对贸易保护主义

---

①② UNCTAD. World investment report（2020）［EB/OL］. http：//www.unctad.org.

和国家利益，美国的通用汽车（GM）、福特（Ford）都是先建立本国的生产体系，再通过跨国界设厂，全面地改变了原来的生产理念和运作模式，将生产体系分布于全球。全球公司无边界的开放式经营，将各种信息准确地传递到组织的子公司，将生产分工有机地结合起来，形成高度依存关系，使其战略由局部转向全球。

2. 全球公司以全球性创新为关键

经济全球化迅速发展和国际竞争日趋激烈，彻底改变了全球公司的经营理念和管理方式，也催生了商业模式的不断发展。全球公司的创新工作，要不断适应世界市场的复杂性和多样性需求。全球公司的创新对公司的决策者提出了挑战：第一，提高信任度。全球公司的产品生产和业务流程分布在世界各国，需实行统一的原则和标准，不同的组织之间在建立共同价值的基础上，要追求信任的统一，建立新的伙伴合作关系。第二，应对竞争的技能。在重要的竞争领域，全球公司经营决策者要具备强有力的竞争技能，要不断接受教育和培训，以适应竞争的需要。

3. 全球公司采用跨国并购扩大经营规模

一是全球公司在全球范围内整合企业，改变其战略、管理和运作，采用新技术和创新商业模式。经济全球化和开放的世界市场，要求全球公司提供大规模的产品和服务，以实现规模经济效益；二是面临全球化的激烈竞争，原有的市场结构和垄断格局将不可避免地进行全球性重组。全球公司在外部压力和内在战略的要求下，需要采取战略性并购、强强联合的措施，扩大规模和抢占市场，以确保公司的生存和发展。战略性并购不是简单的资本流动，而是公司资源的优化配置。

三、跨国公司的衡量标准

跨国公司是由两个或两个以上国家的经济实体所组成的，在世界范围内从事研发、生产、销售、服务等经营活动的国际性大企业。衡量企业是否为跨国公司，主要依据三个标准：

（一）结构性标准

1. 地区分布标准

地区分布标准考察的是企业跨国经营的地理区域，一般把在两个或两个以上国家从事研发、生产、经营活动的公司称为跨国公司。而哈佛大学的"美国多国公司研究项目"认为，必须在六个国家以上设有子公司或附属企业才算是真正的跨国公司。雷蒙德·弗农教授认为，如果一个母公司在本国基地以外只在一个或两个国家拥有股权，则不能称为跨国公司。

2. 股权结构标准

股权结构标准强调母公司拥有国外企业的股份比例，母公司拥有国外企业的股份，涉及该公司对国外企业生产经营控制能力的大小。雷蒙德·弗农、罗尔夫认为，跨国公司在国外子公司所拥有的股权至少应达到25%。美国法律规定，一个企业拥有的国外企业股份要在10%以上才能视为跨国公司。日本规定国外企业股份在25%以上。加拿大则规定国外企业股份为50%以上可视为跨国公司。

（二）跨国化标准与跨国化指数

跨国化指数是衡量海外业务在公司整体业务中地位的重要指标，主要反映跨国公司海外经营活动的经济强度。企业国际化的强度不仅反映在组织形式的变化上，也必然表现在经济指标上。国际社会运用跨国化指数来判断企业是否为跨国公司，通常以国外资产占总资产比率、国外销售额占总销售额比率、国外雇员人数占总雇员人数比率的高低作为判断标准。

跨国化指数＝［（国外资产/总资产+国外销售额/总销售额+国外雇员人数/总雇员人数）/3］×100%

目前国际上跨国公司的跨国化指数越来越高。表3-1是2020年中国16家代表性跨国公司的跨国化指数。

表3-1 2020年中国代表性跨国公司的跨国化指数比较

排名	企业名称	跨国化指数（%）
1	青山控股集团有限公司	50.36
2	联想控股股份有限公司	49.87
3	腾讯控股有限公司	43.07
4	浙江吉利控股集团有限公司	41.62
5	中国中化集团有限公司	41.44
6	中国电力建设集团有限公司	37.96
7	美的集团股份有限公司	36.19
8	中国海洋石油集团有限公司	35.58
9	华为投资控股有限公司	32.87
10	海尔集团公司	32.48
11	中国远洋海运集团有限公司	29.26

排名	企业名称	跨国化指数（%）
12	中国兵器工业集团有限公司	28.77
13	中国石油天然气集团有限公司	26.54
14	中国化工集团有限公司	26.22
15	中国石油化工集团有限公司	22.20
16	金川集团股份有限公司	20.94

资料来源：中国企业联合会网站。

（三）行为取向标准

行为取向标准是指企业对跨国经营所采取的思维方式与动机选择。美国宾夕法尼亚大学教授普尔穆特（Perlmutter）于1969年在《国际公司的曲折演变》一文中对企业跨国经营路径进行了研究。他认为外部的可量化指标固然有用，但并不充分。而企业决策者对企业在世界范围内从事经营活动的态度十分重要。一般而言，企业首先立足国内市场，进而从国内市场向国外领域扩张，在此过程中，企业决策者的价值观念和行为方式通常要经历三个阶段：

1. 母国取向

母国取向即以公司所在国为中心制定发展战略与经营决策重点。从母国的市场需求和经营环境出发，优先考虑母国企业的经济利益和发展前景。虽然有少量的涉外份额，但国外业务仍采用母国的经营管理模式，所属企业的高级管理人员仍由母公司委派。

2. 东道国取向

东道国取向即公司在进行经营决策时，充分考虑东道国的政策法规市场环境、要素供给状况等；经营中在考虑母国利益的同时，兼顾东道国当地企业的利益和要求。这类企业的生产经营虽然大量分布在海外，但缺乏统一的、系统化的国际化经营战略。

3. 国际化取向

国际化取向是指公司决策不仅局限于母国或东道国，而是从全球竞争环境出发，以公司总体利益最大化和获取长远竞争优势为目标，做出系统性、整体性的战略与决策。在跨国经营中，母公司与国外子公司相互依存和协调配合，服从全球战略的整体利益，在企业进行绩效评价时采用统一标准。国际化取向的企业才是真正意义上的跨国公司。

第二节 跨国公司的组织结构

跨国公司以全球市场和全球消费者为其经营目标，需要建立与之相适应的组织形式和管理结构。企业是社会经济的基本细胞，是人们从事生产、流通和交换等经济活动的一种组织形式。企业只有通过不断进行组织优化和调整，提升自身的控制和协调机制，才能适应世界经济和世界市场的巨大变化。

一、现代企业的法律形式

从法律意义上讲，现代企业的组织结构包括个人企业、合伙企业和股份制公司三种形式。

（一）个人企业

个人独资经营企业，是指由一名出资者单独出资从事经济管理的企业。从法律性质看，个人企业不是法人，不具有独立的法律人格；其企业资产与出资人的个人财产在法律上没有区别，即出资人对企业的债务负无限责任，出资人对企业的经营管理有决策权和经营权。欧盟内的中小企业是指雇员在 500 名以下的企业。

（二）合伙企业

合伙企业是两个或两个以上出资人共同投资、共同经营、共担风险的企业。合伙企业原则上不具有法人地位，它是一种"人的组合"，合伙人的死亡、退出、破产都将导致企业解体。合伙契约是合伙企业的基础，契约规定了合伙人的权利和义务。合伙人对合伙企业的债务负清偿责任，即合伙人以个人财产作为合伙企业债务的担保。

（三）股份制公司

1. 股份制公司的法律特征

股份制公司是依照公司法制定的程序设立的、以营利为目的的企业。股份制公司具有独立的法律人资格。股东对公司的投资，在法律上已属于公司所有，按照出资的比例享有一系列权利。公司的资产与股东个人的财产在法律上是分离的。股份制公司是一个独立的法律主体。

2. 股份制公司的形式

股份制公司形式通常有三类：无限责任公司，股东对公司债务负无限责任，

61

故称之为无限责任公司。有限责任公司，股东的责任只限于对公司投入的股本金额，故称之为有限责任公司。此类公司具有法人地位，股东人数少，不发行股票，且不得随意转让股权，大多数是中小型企业。股份有限公司是按照法定程序向公众发行股票来筹集资本的一种公司形式，股东对公司债务只负有限责任，股权可以转让；股东的所有权与公司的经营管理职能相分离，有利于公司独立开展日常经营活动。

二、跨国公司的组织形式与组织管理

（一）跨国公司的组织形式

按照组织形式，跨国公司可分为母公司、分公司、子公司及避税地公司等。

1. 母公司

母公司指通过拥有其他公司一定数量的股权或通过协议方式能够实际上控制其他公司经营管理决策的公司。母公司对其他公司的控制一般采取两种形式：一是拥有其他公司一定数量的股权份额；二是在两个公司间存在特殊的契约或支配性协议。而控股公司是指通过持有另一个公司的多数股权而对其实行控制的母公司。一类是纯控股公司，即公司设立的目的是控制子公司的股份，而本身不直接从事任何业务活动；另一类是混合控股公司，这类公司既从事参股和控股业务，又经营工商业活动。发达国家的控股公司以混合控股公司居多。

2. 分公司

分公司是总公司的分支机构，不具备法人资格，在法律上和经济上都不具有独立性，只是总公司的一个组成部分。分公司的法律特征主要有：不具备法人资格，不能独立承担责任，其一切行为后果及责任由总公司承担；分公司由总公司授权开展业务，没有独立的公司名称和章程；其所有资产属于总公司，母公司对分公司的债务承担无限责任。分公司与总公司同为一个法律实体，因此设立在东道国的分公司被视为"外国公司"不受当地法律的保护，而要受母国的外交保护。

3. 子公司

子公司是指一定比例的股份被另一家公司拥有或通过协议方式受到另一家公司实际控制的公司。母公司与子公司之间既存在所有权的关系，也存在控制和被控制的关系，但子公司在业务上可以独立经营，自主权较大。子公司的主要法律特征是独立法人。子公司在经济上受母公司的控制，但在法律关系上，子公司拥有独立的法人、独立的公司名称和公司章程；拥有独立的财产；可以公开发行股票，从事各种经济、民事活动；子公司在经济上和业务上被母公司实际控制。母公司对子公司的实际控制主要表现在，母公司能够决定和控制子公司董事会的组成。通常母公司拥有子公司的多数股权或全部股权，而股权数量与控制权成正比。

4. 避税地公司

避税地公司也称为避税港公司。在世界上有 30 多个国家和地区，对设在其境内的公司所得实行免税和低税政策，给跨国公司进行财务调度和取得租税上的利益提供了方便。避税地必须具备有利于跨国公司的财务调度和国际业务活动的条件。具体包括：对其境内公司所得税一律实行低税率或免税；取消外汇管制，允许自由汇回资本和盈利；对企业积累不加限制，不征租税；具备良好的财务服务、通信、交通条件及健全的商法等。避税地公司通过操纵公司转移价格，使货物或劳务的法律所有权归于避税地公司，将部分利润从征收高税率的国家转移到避税地，从而达到避税的目的。世界上主要的避税地有百慕大群岛、巴哈马群岛、荷属安得列斯群岛、巴拿马、巴巴多斯、开曼群岛、瑞士、列支敦士登、卢森堡、直布罗陀、利比里亚和中国香港地区等。

（二）跨国公司的组织管理

跨国公司的组织结构具有浓厚的全球性。各个部门的设立和管理权限的配置，取决于实现公司全球利润最大化的需要。跨国公司从事全球生产经营环境复杂，各地社会文化背景各异，人的价值观念和行为方式存在差异性较大，所以跨国公司选择科学的组织结构是非常重要的。一般情况下，跨国公司的组织结构采用六种类型，即国际业务部组织结构、全球性产品组织结构、全球性地区组织结构、全球性职能组织结构、混合式组织结构、全球矩阵式组织结构。

1. 国际业务部组织结构

随着公司产品出口、对外技术转让和对外投资业务的扩大，跨国公司设立专职的国际业务部，它是母公司的独资子公司，其经理由母公司的副总经理兼任（见图 3-1）。

国际业务部组织结构的优点在于：能够加强对国际业务的管理；容易实现公司业务与世界市场接轨；有利于培养国际型经营管理人才。国际业务部组织结构的缺点在于：人为分设国际业务部和国内业务部，不利于公司有限资源的优化配置；内外销之争，可能会影响出口；转移价格会影响利润在各部门之间的分配；国际业务部增长势头迅猛，其他部门的职能难以匹配其经营效率。

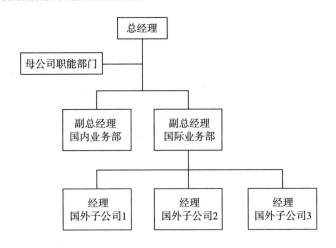

图 3-1　国际业务部组织结构

2. 全球性产品组织结构

公司经营产品的多样化，要求采用不同的技术进行生产，按不同方式组织销售。跨国公司在全球范围内设立各种产品部，各产品部对其产品的全球性计划、管理和控制负有主要责任（见图 3-2）。

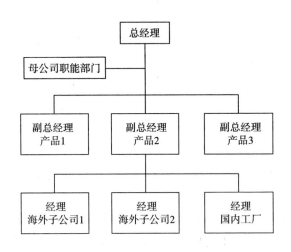

图 3-2　全球性产品组织结构

全球性产品组织结构的优点在于：强调产品制造和市场销售的全球性规划；有利于加强产品的技术、生产、销售和信息的统一管理；最大限度地缩小国内外业务的差别。

全球性产品组织结构的缺点在于：不利于公司对长期投资、市场营销、资源配置和利润分配等全局性问题进行集中统一的决策；不同产品机构设置重叠，加大了内部协调工作的难度；不能充分发挥国外业务知识专业人才的长处；各产品部自成体系，容易造成人、财、物的浪费。

3. 全球性地区组织结构

在那些产品线有限、业务分布较广的公司中，以地区为单位组织业务活动，有利于发挥规模经济效益。全球性地区组织结构见图3-3。

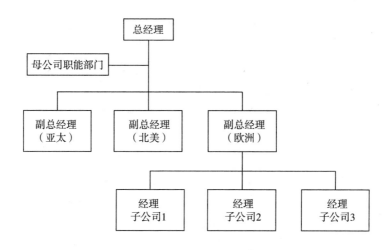

图3-3　全球性地区组织结构

全球性地区组织结构的优点在于：强化了各子公司作为盈利中心和独立实体的地位，故有利于适应各地区实际情况和有助于子公司的独立发展；地区目标较明确，公司决策更易于联系实际；地区商品产销针对性强。全球性地区组织结构的缺点在于：不能适应产品多样化的要求；容易形成地区割据，产生地区利益与总体利益的冲突；地区之间难以开展新技术和新产品的研究与开发。

4. 全球性职能组织结构

全球性职能组织结构将整个公司业务按公司的主要职能进行划分，各个职能部门负责各自领域的全球业务，分管职能部门工作的副总经理向总经理报告工作（见图3-4）。

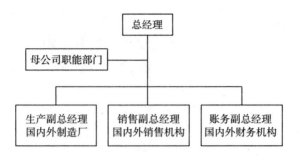

图 3-4　全球性职能组织结构

全球性职能组织结构的优点在于：有利于公司在世界范围内充分发挥其职能优势，提高效率；明确了业务职能的专业化，有利于部门间的密切配合与协调；有利于统一成本核算和利润考核。全球性职能组织结构的缺点在于：较难适应产品的多样化和经营区域的扩展；各个职能部门的分割可能导致各部门目标的分离和失调，尤其是产销目标的冲突；各个职能部门都要掌握国外市场的资料，可能发生工作重复和预测差异，主要适用于产品系列比较简单、市场经营环境比较稳定的公司。

5. 混合式组织结构

当公司经营规模进一步扩大，建立众多产品线、经营多种业务时，或者这些跨国公司由两家组织结构不同的公司合并组成时，它们通常会采用混合式组织结构，这种模式下各个副总经理分管某一方面的工作，并直接向总经理报告（见图 3-5）。

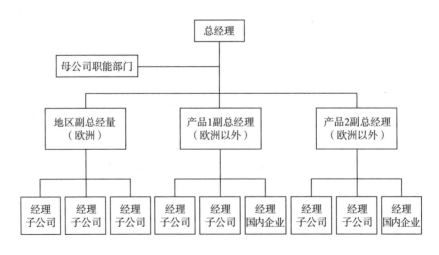

图 3-5　混合式组织结构

混合式组织结构的优点在于：根据业务的需要，可以选用不同的组织结构；灵活性强，可以快速适应业务环境和经营方向的变化，并做出相应的结构调整。

混合式组织结构的缺点在于：因组织结构欠规范化，实际操作中会发生脱节和冲突；各部门间业务差异大，难以合作或协调；不利于统一对外树立公司整体形象，这种混合式组织结构适用于产品系列多、客户差异大或处于调整阶段的跨国公司。

6. 全球矩阵式组织结构

在公司业务规模大、产品系列多、地区分布广、客户差异性大的时候，公司经常采用全球矩阵式组织结构，即在明确权责关系的前提下，对公司业务实行交叉管理和控制。这种组织结构会出现一位基层经理也许同时接受两位及以上上司（如产品副总经理和地区副总经理）领导的现象，打破了传统的统一指挥的管理模式，地区部门和产品管理部门同时并存（见图3-6）。

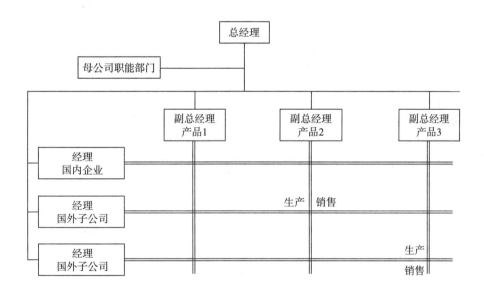

图3-6　全球矩阵式组织结构

全球矩阵式组织结构并非长期固定式的组织，而是按照公司任务成立的跨职能部门的特殊机构。例如组建一个专项生产开发小组，进行新产品的研究、设计、开发、制造等各项业务，抽调有关人员参加，形成条块结合，协同作业，保质保量完成项目。

全球矩阵式组织结构的优点在于：有利于各部门和各层次之间的合作与协

调，增强公司整体实力；有利于将产品的生产和销售与市场竞争、环境变化、东道国政府政策等因素进行综合分析和处置；公司可以选择不同的组织形式，具有较强的应变能力。全球矩阵式组织结构的缺点在于：组织结构过于复杂，难以协调各层次利益关系；一旦某些经理权力欲望过强，就可能凌驾于矩阵组织之上，各行其是；此结构形式打破了传统的统一管理模式，一旦部门间产生矛盾和冲突，就需要多方协调解决，不利于一致对外竞争。

三、跨国公司组织结构的优化

跨国公司的组织结构创新尤为重要，公司需要系统设计公司组织的控制系统。

（一）建立跨国公司管理控制体系

跨国公司的管理控制体系的基本职能是保证公司上下统一行动，确保全球目标的实现。管理控制体系需要建立衡量和考核公司所有单位的业绩指标，并设计有关的评估与奖惩体系，以提高企业的运作效率。

一是管理控制机制。管理控制机制包括成本预算、操作程序和统计报告。以严格的成本预算提高业务效率；以标准的操作程序规范业务行为；以及时的统计报告保证上下信息畅通。

二是决策控制机制。决策控制机制要求整个公司按权限和职能行使决策权，公司高层对重大事件进行决策；公司中、基层对所管辖的业务进行行政和法律上的协调；产品部门对工艺、技术和质量问题进行决策。

三是产出控制机制。产出控制机制是对子公司设立业绩考评指标，主要考核企业利润、市场份额、新技术的开发等。

四是文化控制机制。跨国公司的多元化文化背景，管理者与员工在语言文化上的差别。亟须建立统一的公司文化，确立共同的行为准则，形成趋同的价值观与信念。

（二）优化公司组织结构

公司组织结构由传统的金字塔形向网络化和扁平化方向发展。

1. 组织结构的网络化

传统的公司组织结构是金字塔形。传统的企业经营管理模式是按层级由上而下，或由下而上的多层次、多环节、长渠道的管理模式。随着信息技术的进步，互联网被广泛使用，"互联网+"从同一"窗口"透视整个公司，乃至全球市场。组织结构网络化是改变组织信息传递方式，使组织结构具有弹性和柔性。公司组织内部网络组织结构，能将不同的业务和职责、不同地区的分支机构按全球化的组织网络联系起来，共同完成公司的战略目标，以达到提高企业经营管理效率的目的，从而降低成本，提高企业的竞争力。

2. 组织结构的扁平化

为了实现全球公司的组织结构扁平化，全面推行网络化管理，减少管理层次和管理人员，节省开支，提高效益；并提供扁平化的商品、销售和服务，通过减少层级，缩短渠道长度，增加渠道宽度，真正做到销售渠道直营化和短宽化；通过互联网进行公司信息"集群式"的传递，实现向所有对象传递信息，指令快捷，避免失真，从而提高决策质量，增强企业的灵活性和创造性。

第三节　跨国公司内部国际贸易

第二次世界大战之后，以制造业为代表的跨国公司得到空前发展，给世界贸易带来了巨大影响，跨国公司的国际分工给国际贸易带来了新的内涵。传统的国际贸易主要属于公司间贸易（Inter-Firm Trade），即外部贸易，而随着跨国公司的发展，外部贸易得到丰富的同时，公司内部贸易（Intra-Firm Trade）也得到了丰富。随着国际分工的进一步发展，跨国公司的外部贸易和内部贸易也在悄然变化，内部贸易的地位越来越突出。

一、跨国公司内部国际贸易的含义

跨国公司内部国际贸易又称为跨国公司内部贸易，是指在跨国公司内部开展的有关中间产品、原材料、技术和服务的国际流动，主要包括跨国公司母公司与海外子公司之间、同一跨国公司系统中处于不同东道国子公司之间产生的国际流动。此交易行为既具有国际贸易的特点，也具有一个公司内部进行调拨的特点。因此，它是一种特殊形式的国际贸易。

二、跨国公司内部国际贸易的动因、类型及特征

（一）跨国公司内部国际贸易的动因

跨国公司进行内部国际贸易，有来自外部和内部两个方面的原因。外部原因主要是为适应国际分工进一步深化、避免外部市场不确定性等；内部原因主要是追求利润最大化、保持技术优势、提高交易效率等。

1. 适应国际分工进一步深化

随着跨国公司的发展，传统跨国公司间分工转化为跨国公司内部分工。跨国公司的内部分工经历了三个阶段，在不同的阶段出现相应的内部国际贸易与其适应。第二次世界大战之后，一是以垂直一体化为主导的纵向分工为基础，形成了跨国公司纵向内部国际贸易，多发生于跨国公司母公司与其子公司之间，主要保证原材料供应。二是以水平一体化为主导的水平分工，形成了跨国公司横向内部国际贸易，多发生于跨国公司与各个子公司之间，主要提供中间产品。三是跨国公司间的竞争更加激烈，迫使跨国公司在全球范围内重新进行研发、生产、购销等布局，在全球范围内重新布局自然会扩大跨国公司的内部国际贸易。

2. 避免外部市场不确定性

跨国公司在生产经营过程中，需要原材料、中间产品以及先进技术的大量投入。如果依赖于外部市场，那么跨国公司的生产经营活动将面临无法回避的风险，如原材料和中间产品的供应不及时、质量问题、价格剧烈波动，甚至仿造产品充斥市场等。对于这些风险，跨国公司内部国际贸易可以有效避免：一是跨国公司内部国际贸易可以降低原材料和中间产品等搜寻成本；二是降低为达成如价格、交货方式、交货日期等合理条件而产生的谈判成本；三是可以有效降低为保证合同顺利执行而产生的监督成本以及因技术外溢而导致的研发成本增加。

3. 追求利润最大化

追求投资收益长期最大化是跨国公司经营的根本性目标。投资收益的利得者自然是跨国公司的投资者即股东。跨国公司内部国际贸易可以有效帮助投资者获得更高的利润，因为跨国公司可以通过内部市场交易减少交易成本，还可以通过跨国公司内部定价，减少税收及规避汇率风险。

4. 保持技术优势

技术优势是跨国公司保持国际竞争力的关键要素。跨国公司投入大量的研究经费，用于跨国公司的技术研发，但是如何巩固并保护研发成果、保持技术优势，还能获取高额利润是跨国公司追求的发展目标。目前，大多数跨国公司采用内部国际贸易的方式，可以有效避免买卖双方通过外部市场进行交易时在谈判过程中造成的技术外溢，进而保持了技术优势，为提高跨国公司整体经营利润提供了保障。

5. 提高交易效率

跨国公司通过外部市场进行交易将会降低效率，主要原因是在交易的过程中，买卖双方往往会因为利益对立而产生摩擦，或在交易信息传递过程中，造成信息不对称、信息失真等情况。所以，跨国公司往往通过内部国际贸易的方式提高交易效率。

（二）跨国公司内部国际贸易的类型

跨国公司内部国际贸易基本上可以划分为三种类型：母公司对子公司的出口、子公司对母公司的出口、不同东道国子公司之间的出口。

1. 母公司对子公司的出口

跨国企业实施对外扩张战略时，往往需要母公司通过内部国际化贸易为子公司提供必要的办公条件及生产设备等，来帮助子公司建立生产性工厂，此时大多发生在母公司对子公司的单向出口。随着跨国公司国际生产网络逐渐完善，跨国公司内部国际贸易比重逐渐降低，将会出现母公司与子公司之间的双向出口。该类跨国公司内部国际贸易水平相对较低。

2. 子公司对母公司的出口

资源寻求型跨国公司向海外扩张的目的是弥补国内自然资源短缺的情况，抑或寻求海外稀缺的特定的自然资源，或者通过寻找海外廉价劳动力以降低生产成本等。这类跨国公司在海外建立生产企业之后，将把子公司生产的产品通过内部国际贸易向母公司出口，以满足母国市场的需求。这类内部国际贸易属于子公司对母公司的出口，会随着跨国公司国际生产网络不断完善而逐渐增加。

3. 不同东道国子公司之间的出口

跨国公司规模越来越大，专业化分工逐渐丰富，整条价值链涵盖了研发、原材料采购、零部件生产、加工、装配以及财务、会计、法律、宣传、人力资源、销售等环节，推动了跨国公司内部国际贸易的蓬勃发展。在跨国公司一体化的国际生产体系中，大量的原材料、中间产品、技术、资金等不断地在母公司与海外子公司之间、不同东道国子公司之间进行跨国界流动，而且越来越多的流动发生于不同东道国子公司之间，使不同东道国子公司之间内部国际贸易的比重不断上升。

（三）跨国公司内部国际贸易的特征

跨国公司内部国际贸易是一种特殊形式的国际贸易，与传统国际贸易相比，具有一些独有的特点。

1. 跨国公司内部国际贸易的特点

（1）利用转移价格兼顾各方利益。跨国公司对外扩张的步伐越来越快，在世界范围内设立的子公司越来越多，跨越的地理区域也越来越广。在此趋势下，跨国公司很可能重新调整其组织结构，并按照地理位置细化分工。从跨国公司整体来看，公司内部专业化分工有利于提高劳动生产率，获得规模经济效益，抑制技术外溢。国外子公司着眼于子公司的利益，采用多样化的股权安排，使其国外子公司与母公司之间形成多样化、多层次、复杂的经济关系。这种利益差异，必然造成母公司整体利益与子公司局部利益之间的冲突，有效解决的办法就是在跨国公司内部实行转移价格。转移价格可以在全球范围内的跨国公司整个系统内部实现，通过各方协调努力，最终满足各自利益。

（2）避免贸易标的物所有权外向转移。跨国公司内部国际贸易发生于不同国家之间，标的物经历了进出口各种手续以及跨越国界的陆、海、空运输，但标的物没有超出跨国公司系统。跨国公司内部国际贸易标的物是在跨国公司内部的不同分支机构之间转移，与跨国公司外部企业、政府、个人均无关，所以不存在贸易标的物所有权向跨国公司系统外转移的现象，即跨国公司内部国际贸易不发生贸易标的物所有权外向转移。

（3）制约于跨国公司整体战略规划。跨国公司内部国际贸易目标主要是待售的最终产品及需要进一步加工、组装的中间产品。在如何决定最终产品或中间产品在哪些子公司生产、生产数量以及内部国际贸易时，都制约于跨国公司的整体战略规划，特别是内部国际贸易的规划。规划包括短期规划、中长期规划，涉及生产投资、资金筹措、市场营销、利润分配等方面。跨国公司实行规划管理的目的是在全球范围内调配资源，使之不断适应跨国公司的整体发展战略和不断变化的国内外市场环境，运用的手段是遵循公司顶层设计，借助价格转移和调整规划来实现。

（4）跨国公司技术水平。跨国公司在保持国际持续竞争力的关键是保持其技术优势。跨国公司内部国际贸易可以保持跨国公司的技术优势，有效避免贸易双方在外部市场进行交易、谈判过程及履行合同过程中造成的技术外溢。跨国公司进行内部国际贸易的程度与其技术水平密切相关，技术水平越高，就越需要高度保密，防止技术外溢。因此，技术水平越高的跨国公司进行内部国际贸易的可能性就越大，程度越高；反之，可能性越小，程度越低。

2. 跨国公司内部国际贸易与传统国际贸易的差异

跨国公司内部国际贸易属于一种特殊形态的国际贸易，因为该贸易既具有传统国际贸易的特点，又同属于一个跨国公司，在一定程度上表现为跨国公司内部商品的调拨，这也决定了跨国公司内部国际贸易与传统国际贸易存在的明显差异，主要体现在交易动机、所有权转移、定价策略以及国际收支影响程度方面的差异。

（1）交易动机方面的差异。跨国公司内部国际贸易交易动机是实现跨国公司系统内部一体化经营与管理，保证上下游企业之间中间产品、原材料的及时供给和生产的按时完成，控制技术外溢现象发生等。传统国际贸易的交易动机则以进入新市场和盈利为目的。

（2）所有权转移方面的差异。跨国公司内部国际贸易中有关商品和服务的国际流动只是在同一个所有权主体的不同分支机构之间的转移，并没有流向所有权主体之外，因此不会发生所有权的变更。传统国际贸易中商品和服务的国际流动，强调的是国际市场相互联系并完成交换的过程，一旦交易完成，商品和服务的所有权就发生转移，即由卖方转移到买方。

（3）定价策略方面的差异。跨国公司内部国际贸易采用的是转移价格的定价策略。跨国公司内部国际贸易价格是由公司内部来确定的，取决于跨国公司内部市场，与生产成本没有任何关系，也与国际市场价格无关。传统国际贸易的价格是按照国际市场供需关系来确定的。当国际市场出现垄断价格时，形成针对外部市场的垄断价格，攫取外部市场的垄断利润。

（4）国际收支影响程度方面的差异。跨国公司内部国际贸易虽然不同于传统国际贸易，但它是跨越国家边界的国际贸易，因此跨国公司内部国际贸易同样会影响各国国际收支。跨国公司内部国际贸易双方在结算时，会依据各国汇率变动而延迟或提前支付相应款项，以达到跨国公司整体利润最大化，该做法对于国际收支的影响更具有隐蔽性。而传统国际贸易中，在相关合同约定的支付期之前必须完成结算，对国际收支影响更为明显。

第四节 跨国公司的转移价格与技术转让

依据交易价格制定方式，跨国公司内部国际贸易价格可以划分为两类，即清洁价格和转移价格。清洁价格是跨国公司以交易商品、服务或技术的正常成本为基础的定价；转移价格是跨国公司出于某种特定目的，由决策管理部门通过行政方式，针对交易对象确定的跨国公司内部划拨价格。此节我们重点介绍跨国公司的转移价格。

一、跨国公司的转移价格

（一）转移价格的含义

转移价格，国内又称转让价格、划拨价格、调拨价格；国外称为公司内部价格、记账价格等。转移价格是指从事跨国生产经营的公司系统内部，在进行商品、服务和技术交易时，执行的公司规定的价格。

转移价格包括四种情况：一是可变成本转移价格，指可变成本作为基数而确定的转移价格。由于一般产品的可变成本随生产规模和数量的扩大而下降，所以这种定价方法充分利用规模经济的优势。二是总成本转移价格，指以可变成本和固定成本作为基数而确定的转移价格。总成本转移价格充分考虑了产品的全部成本，保证了各个子公司的盈利水平，但是缺乏一定的灵活性和竞争性。三是市场转移价格，指以外部市场价格作为基数而确定的转移价格，这种方法充分考虑了竞争需求，目的在于扩大市场销售份额。四是议定转移价格，指由跨国公司系统内参考内部国际贸易的双方协商议定而成的价格。这种定价主要考虑跨国公司的整体利益，与跨国公司全球目标密切相关，但是不能反映外部市场的供求关系或产品成本因素等。

（二）转移价格的经济利益

价格转移发生于跨国公司系统内部，即母公司与海外子公司之间，不同东道国子公司之间，这就决定了转移价格形成的两种途径：一是通过母公司与海外子公司之间的资产交易形成的转移价格；二是通过不同东道国子公司之间的资产交易形成转移价格。跨国公司通过有效利用市场环境、汇率等相关影响因素，为自身带来经济利益，如调节利润、控制市场、配置资金、合理避税、规避风险等。

1. 调节利润

跨国公司通过转移价格调节子公司在东道国利润情况的目的有两个：一是通过转移价格使其新建子公司显示较高的利润率，从而建立子公司的良好信誉，方便子公司在当地获取信贷或销售证券；二是通过转移价格来降低在东道国获得较高利润的子公司的利润率，回避东道国政府和民众的反感情绪。

2. 控制市场

跨国公司利用转移价格，可以大力支持海外子公司积极参与竞争。在市场竞争激烈区域，母公司以极低的价格向海外子公司供应原材料、零配件或最终产品，使其海外子公司通过价格竞争从竞争对手那里获取竞争优势。转移价格是加强跨国公司对市场进行渗透、对付激烈市场竞争的有力工具。对于拥有少量股份控制的海外子公司，母公司往往索取较高的转移价格，限制海外子公司活动，迅速抽回资本，降低风险。

3. 配置资金

跨国公司通过转移价格的方式，将子公司利润调回母公司。对于一些受东道国投资法令严格限制的子公司，在东道国资金发生困难时，跨国公司就可以通过转移价格为这些子公司融资。

4. 合理避税

世界各国税率不同，税制规则不同。即使在同一个国家，对资本、红利、利息、专利权使用费等也有不同的课税计算方法。因此，跨国公司可以通过在本系统内利用转移价格合理避税：一是规避公司所得税。针对不同东道国、不同公司的所得税税率和税则规定，跨国公司可以利用转移价格逃避纳税。具体做法是可以以高转移价格从低所得税税率国家子公司向高所得税税率国家子公司出口，或以低转移价格从高所得税税率国家子公司向低所得税税率国家的子公司出口，把利润从高所得税税率国家子公司转移到低所得税税率国家子公司，降低整个跨国公司的纳税总额。这种转移仅局限于账目转移，并不一定涉及货物的实际转移。二是逃避关税。跨国公司内部国际贸易频繁发生，依据相关国家法律需要缴纳关税，跨国公司可以利用转移价格逃避关税，减少关税负担。对于高关税国家的子公司，跨国公司以偏低的转移价格发货，减少纳税基数和纳税额，降低进口子公司的从价进口税。

5. 规避风险

跨国公司在对外扩张过程中，将面临各种风险，如汇率风险、政治风险、通货膨胀风险等。跨国公司可以利用转移价格有效规避风险：一是汇率风险。近年来，世界外汇市场汇率波动剧烈频繁，给跨国公司带来巨大的外汇风险，通过价格转移，跨国公司可以有效避免或降低外汇风险。二是政治风险。跨国公司的子公司在面临东道国政治风险时，跨国公司就可以使用转移价格，一是把子公司的设备等物资以低转移价格转出东道国。二是以高转出价格，卖出该子公司商品，索取高昂的服务费，将资金转出该东道国，从而达到从东道国调回资本的目的。三是减少通货膨胀风险。通货膨胀主要影响跨国企业的货币性资产，使其跨国公司持有的货币性资产购买力下降，影响跨国公司的财务能力。为减少这种损失，跨国公司通常把设在较高通货膨胀率国家子公司的货币性资产数额保持在最低限度。为此，跨国公司通过货币性资产转移，来避免购买力的损失。

（三）转移定价的方法

针对不同类型的商品，跨国公司采用不同的转移价格制定方法，即转移定价的方法，主要包括有形商品的转移定价和无形商品的转移定价。

1. 有形商品的转移定价方法

有形商品的转移定价主要包括：将内部成本价加上调高（或降低）的转移

价格的定价体系；外部市场价格加上调高（或降低）的转移价格的定价体系。前者主要包括：在一个以成本为中心的垂直一体化公司中，以成本作为转移定价的基础；在一个以利润为中心的垂直一体化公司中，以成本加利润率作为转移定价的基础；在生产同类产品的各生产单位中，以成本加管理费作为转移定价的基础。对于后者而言，如果商品拥有外部市场价格，则以外部市场价格作为转移定价的基础；如果没有外部市场价格，则以成本加成的方法作为转移定价的基础。

2. 无形商品的转移定价方法

无形商品的价格可比性差没有可靠的定价基础，跨国公司主要依赖于对市场信息的了解以及在谈判中的讨价还价来完成定价的，即协调定价法。在无形商品中，专有技术和专利权的转移定价最有代表性。此类产品在母公司和海外子公司之间进行转让时，需要按照惯例由提供者授予特许使用权，并收取特许使用费；其支付可以用单独计价形式，也可以隐含在其他商品价格中。

（四）转移定价的程序

制定转移价格的具体程序分为五个步骤，即确定转移价格目标、确定初步方案、确定实施方案、设立公司内部仲裁机构、定期检查和修订转移价格体系。

1. 确定转移价格目标

转移价格的目标包括调节利润、转移资金、控制市场、逃避税收以及规避风险。在制定转移价格体系前，跨国公司要依据母国、东道国、市场环境以及自身的战略目标，确定转移价格的具体目标，为制订相应的解决方案做好准备。

2. 确定初步方案

在确定转移价格目标后，在市场调研的基础上，确定包括主要生产系统转移价格、主要材料转移价格、其他转移价格等在内的初步价格实施方案，进行局部试行。如果方案结果比较满意，进行确定实施方案。如果方案在实施过程中发现不合理的地方，还需要提交公司进行审定，进行方案调整，直到达到满意的结果为止。

3. 确定实施方案

对比分析各种方案，如果方案通过，可以确定最终方案，并在跨国公司系统内部广泛实施，如果方案没有通过，需要回到步骤二重新制订方案。

4. 设立公司内部仲裁机构

在转移价格实施过程中，跨国公司内部可能会出现一些冲突，需要设立公司内部仲裁机构进行调节。如母公司与海外子公司、不同东道国子公司之间。如果冲突能够解决，进行步骤五；如果冲突无法解决，说明方案执行存在问题，需要重新确定转移价格目标。

5. 定期检查和修订转移价格体系

跨国公司相关部门应密切关注外部竞争环境变化，以及内部战略目标的改变等，及时修订原转移价格体系，即重新回到步骤一，从确定转移价格目标开始，逐步重新制定转移价格。

（五）转移定价的影响因素

跨国公司在制定转移价格时，需要考虑来自各方的影响因素，主要包括竞争状况、税负、外汇管制以及东道国政治局势稳定性等。

1. 竞争状况

实施转移价格策略是跨国公司增强其整体竞争力的重要手段。跨国公司往往首先对两种类型的子公司采用转移价格策略进行扶持：一是新设立的子公司，在生产、经营等方面都非常不成熟，竞争能力有限，凭借自身的能力难以在激烈的竞争中取胜。此时，跨国公司会采用调低转移价格的方式对新设立的子公司出口货物，达到补贴该子公司的目的。二是在激烈的竞争环境中处于不利地位的子公司，跨国公司也会考虑通过调低子公司进口货物的转移价格，同时调高该子公司对外出口货物的转移价格，人为地使子公司的盈利水平得到改善，增强其竞争力。

2. 税负

跨国公司制定转移价格的税负影响因素主要包括所得税和关税。各国税率不同，跨国公司可能通过人为调高或调低转移价格的手段来减少整个跨国公司系统的税负。跨国公司利用转移价格减轻税负将影响相关国家的税收收入，如减少税率较高国家的税收收入、增加税率较低国家的税收收入，这可能会引起子公司所在东道国采取相应措施进行干预。

3. 外汇管制

从世界范围来看，发展中经济体对资金的调出都进行严格的外汇管制。因此，跨国公司往往利用转移价格在公司内部配置资金来规避东道国的外汇管制。由于大多数发展中经济体对国际贸易中的外汇支付限制相对较少，所以跨国公司在内部国际贸易中运用转移价格的方法逃避东道国的外汇管制。如跨国公司调高出口到该东道国子公司的货物价格，或以高利率借贷款的方式将资金以利息形式调出。

4. 东道国政治局稳定性

东道国政治局势稳定性将直接影响着跨国公司及其东道国子公司的合法权

益。在政治局势不稳定的东道国，跨国公司的合法权益往往会受到威胁。为减少因东道国政府局势不稳定造成的损失，跨国公司往往将东道国子公司进口产品的转移价格调高，借此把更多的资金转移到母国或第三国；同时将东道国子公司出口产品的转移价格调低，以便于用更隐匿的方式把子公司的实物资产移出。

二、跨国公司的国际技术转让

跨国公司树立全球化的战略目标，需要着眼于整体利益和长期利益，通过配置全球化的资源要素来实现。技术创新是跨国公司发展战略的核心内容。跨国公司要在全球获得成功，必须从世界各地吸收各种技术信息和科研成果。

（一）跨国公司国际技术转让的动因

跨国公司实施技术转让时，需要考虑来自各方的影响因素，主要包括全球化战略目标、技术创新生命周期、抢占东道国市场、利用所在国资源以及实现产品当地化等。

1. 全球化战略目标

跨国公司实施全球化战略目标其核心内容，是跨国公司的技术创新、技术垄断和技术竞争策略。为了不断推出新产品、维持和扩大市场份额，以及争夺或保持跨国公司在该领域垄断优势的需要。跨国公司必须积极从世界各地吸收各种技术信息和科研成果，不断地进行技术开发和技术创新，以保持自身的技术优势和领先地位。从理论上说，跨国公司所面临的国际市场常常是不完全竞争市场，因为跨国公司要想在一个陌生的国度获得发展，无法像东道国的企业一样享受当地政府的各种优惠政策，只有依靠自身的垄断优势。跨国公司的技术优势常常是战胜竞争对手的主要因素。

2. 技术创新生命周期

由于高科技跨国公司的产品存在生命周期不断缩短，新产品研发成本高昂，风险较大。技术转让是跨国公司重要的利润来源之一。为了延长技术的使用寿命，在具体进行技术转让时，跨国公司往往根据技术生命周期的不同阶段，通过贸易或投资等方式将技术转让到发展中国家，从而提高技术利用的经济效益，实现利润的最大化。

3. 抢占东道国市场

发展中国家对引进外国先进技术、弥补本国技术空白比较支持，并制定了多种政策鼓励跨国公司的技术出口和技术投资行为。许多发展中国家为了增加吸引跨国公司技术出口和技术投资方面的竞争力，制定了"以市场换技术"的政策，这有利于跨国公司迅速进入东道国市场，并进一步促进了跨国公司的技术转让。随着全球高技术产业的发展，投资于发展中国家高新技术产业的跨国公司投资越来越受到东道国政府和企业的欢迎，从而拥有先进技术的跨国公司往往能够借助技术之利，迅速在东道国某一行业占据较大的市场份额。

4. 利用所在国资源

许多发展中国家也拥有比较完整的科研机构和研发体系，在某些基础科学领域也具有一定的竞争优势。跨国公司通过将次新技术，即处于技术生命周期成熟阶段的技术转让到发展中国家，与当地的科技人员资源、自然资源和次新技术相结合，开发出适合当地需求的产品，从而延长技术赚取利润的时间周期，增强自己的竞争力；同时可以按照其全球战略的安排，控制技术转移的时间，实现对技术的控制。

5. 实现产品当地化

从国际营销理论出发，跨国公司在国内经营和在国外经营最大的不同是经营环境。在影响经营环境的主要因素中，最为重要的是文化环境，包括语言、教育、宗教、社会组织、价值观念等。东道国的文化环境与跨国公司的母国存在巨大的差异。文化环境构成了跨国公司进入东道国的一条必须跨越的鸿沟，也是跨国公司国际投资的最大障碍。跨国公司的国际技术转移与国际营销的文化环境关联性较小，但是任何一项技术成果或创新产品都具有文化的烙印。跨国公司的产品在技术上是先进的，但不一定能满足东道国消费者的消费偏好，故此，跨国公司在东道国建立研发机构，并与东道国有关单位建立各种联系，缩小因文化差异而引起的产品差异，实现产品当地化的目标。

（二）跨国公司国际技术转让策略与技术保护形式

跨国公司国际技术转让策略主要体现在母公司向子公司或分支机构转让技术，主要有五种策略和三种技术保护形式。

1. 技术转让策略

（1）转让时机策略。跨国公司对处于生命周期不同阶段的技术采取不同的转让策略。当技术处于创新阶段时不予转让；在技术发展阶段，对处于优势、有利地位的技术，跨国公司也不予以转让；在技术成熟阶段，部分跨国公司会予以转让；在技术衰退阶段，跨国公司会千方百计进行技术转让。跨国公司采取的这种策略旨在延长技术的生命周期。

（2）国家类型策略。首先跨国公司一般向发达国家转让技术，其次经过多年发展后，跨国公司再将同一技术向新兴的工业国家转让，最后是向其他发展中国家进行技术转让。

（3）转让方式策略。跨国公司在向发达国家进行技术转让时，常常采用联合研究与开发或技术互换等方式，而对发展中国家则以技术投资较多，而且往往转让的是成熟或衰退的技术。

（4）股权差别策略。跨国公司向全资子公司转让处于任何生命周期的技术，可以转让高新技术，而向合资公司和非附属公司转让技术通常为一般性技术。

（5）以技术换市场策略。跨国公司以技术投资同东道国企业合资经营时，东道国允许跨国公司占有的市场份额越多，跨国公司就越愿意转让比较先进的技术。

2. 技术保护形式

跨国公司对于新技术的保护形式主要有专利、公司内部保护和申请商标三种方式。

（1）专利。专利是法律授予的并且可以依法行使的一种权利，其实质是专利申请人将其发明向公众充分公开以换取对发明拥有一定期限的垄断权，保护范围限于所申请的国家和地区，专利期限一般为 15~20 年。目前跨国公司维护其技术优势的主要方式为专利保护。

（2）公司内部保护。公司内部保护是指对新技术发明通过在公司内部保密的办法进行垄断。它是一种民间保护形式，不像专利具有法律效力，这种保护形式具有任意性、广泛性和长久性三项特征。

（3）申请商标。商标是一种特殊标志，用以区别某一组织与其他组织相同或类似的商品和服务。商标通常是法律授予的永久性所有权，可以长期维护商标使用者的产品信誉和影响力。

（三）跨国公司国际技术转让的主要方式

跨国公司的发展直接推动了国际技术交流，跨国公司的对外直接投资构成了当今国际技术转让的主要渠道。FDI 对东道国带来了经济效益之一是技术转让。通过 FDI，跨国公司将资金、设备、专利和专有技术投向国外子公司，所转让的技术既包括生产技术，也包括组织、管理和市场营销技能等。跨国公司通过对外投资参与国际技术转让，主要有以下四种形式：

1. 跨国公司的内部技术转让

技术转让与跨国公司的对外直接投资安排相结合，是跨国公司技术转让中最重要的一种方式。跨国公司技术转让的先进程度往往视股权和投资而定。一般而言，跨国公司在国外投资越多，在股份公司中所占的股权比例越大，提供的技术先进程度就越高，技术限制性约束就越少；反之，如果跨国公司在国外投资越少，在股份公司中所占的股权比例越少，提供的技术先进程度就越低，技术限制性约束就越多。特别关键的技术必须在严格限定的条件下使用，并必须严格防止技术扩散。

跨国公司在东道国设立独资公司，其主要动机就是加强技术垄断和控制技术扩散范围，增强保密性，防止技术泄密。独资公司一般按跨国公司的技术体系和经营管理方法建立，其技术创新与改造仅与母公司发生联系，较少与东道国同行业发生横向联系。由于跨国公司全资拥有子公司或对子公司控股，这种转让实际上是跨国公司体系内的转让，称为技术转让的内部化，它有别于以贸易方式进行的外部化转让。内部化技术转让可以采取买卖交易的形式，也可以采取技术折价入股的形式。通过向全部或多数持股的子公司或分支机构转让技术，跨国公司能够较好地控制技术的独家使用，并获取技术所能带来的综合效益，避免向不相关的公司转让技术时所产生的较高的交易成本和风险。尽管控股子公司属于合资公司，但由于处于控股地位，在开发出最新技术后，跨国公司也愿意将最新技术转让给其子公司，以增强子公司在东道国的竞争力；但由于这种方式对技术实行垄断控制，严格限制技术的传播与外溢，它对发展中国家技术进步的直接作用不如合作公司。

2. 跨国公司对非控股合资公司的技术转让

跨国公司通过将技术和设备资本化，即以工业产权、专有技术等形式，通过在东道国的合资企业中投资入股来转让技术，这种技术出资方式称为技术资本化。当然，在具体合资经营时，跨国公司既可以把工业产权或专有技术等作价投资分取利润，也可以把技术与投资分开，合资各方另行签订技术转让协议，跨国公司获取技术使用费。跨国公司对合资公司转让管理经验、组织方法和营销技能等方面的技术称为跨国公司的技术转让。

在合资公司中，东道国人员可以接触到公司产品生产过程，生产技术的外溢和传播作用比外资独资公司更为明显。但跨国公司一般只有在技术较成熟或专有程度较低，丧失技术控制权代价不高，以及能通过严格的协议限制其他公司接近技术的情况下，才会表现出兴办合资公司的较大意愿。同时，对东道国而言，跨国公司以技术资本化方式投资兴办合资公司，其最大的问题就是技术的老化。由于当今世界技术革新速度较快，技术和产品的迭代速度加倍，技术价值随着时间推移呈现越来越低的趋势。如果跨国公司对合资公司拥有控股权，则技术老化问题容易解决；若不具有控股权，跨国公司对已落后技术的创新意愿相对较低。

3. 跨国公司在东道国进行的 R&D 投资

跨国公司的 R&D 投资是指跨国公司着眼于从基础性研究到科研应用领域，实现产品开发和商业化的整个过程中任何一个环节的投资行为。由于一定规模的 R&D 投资是跨国公司生存的基本要求，也是跨国公司发展和盈利的根本保证；R&D 投资所产生的技术创新能力还是跨国公司竞争力的源泉。因此，大型跨国公司都十分重视 R&D 投资。

跨国公司对外进行 R&D 投资的主要目的是获取先进技术，借用东道国廉价的技术人员等研发资源，建立全球研发网络，占领当地市场，实现其在全球范围内的系统化投资战略。与一般生产性直接投资有所不同，跨国公司进行的以技术创新为主要目标的 R&D 投资更多考虑的是东道国的科研环境和高新技术产品的市场前景。

4. 跨国公司对海外公司的人力资源投资

人力资源也可以理解为人力资本投资，是指跨国公司对海外公司雇员的技术和管理培训。由于广义的技术概念还包括管理技能和组织技巧，跨国公司在海外人力资源投资也是一种技术转让方式。在工业经济时代，资本要素长期处于相对稀缺的优势地位，经济增长的关键在于资本的积累和扩张，知识经济时代增值的核心已转移到知识的创新；人是知识创新的载体，人力资本是一种隐性的知识资本。在知识经济时代，跨国公司的竞争是人才的竞争，因此，跨国公司对人力资源的管理程度日益加深，大多数公司实施了全球化人力资源开发战略。以期在全球建立知识和人才优势。

人力资源投资既是积累创造性资产的一种主要形式，又是创造其他类型资产的一种手段，人力资源的开发是公司提高国际竞争力的重要因素。大多数跨国公司都为其雇员制定培训计划并提供培训设施。跨国公司为海外公司雇员提供技术和管理培训是跨国公司对东道国人力资源开发所做的重要贡献之一。由培训带来人员素质的提高和管理技能的增加，促进了东道国整体技术水平的提高。由于跨国公司拥有国际性的设施与专业知识网络，在培训方面拥有独特的优势。有经验和经过训练的人才的流动是技术外溢效应的重要源泉，大量在外资公司受过培训的东道国技术工人和管理层人员流向本国企业，导致先进技术的传播与外溢。

（四）跨国公司国际技术转让的特点

1. 对外直接投资技术转让成本低、效率高

跨国公司通过对外直接投资进行内部转让，能够保证技术的独家使用。由于内部转让双方的根本利益一致，又遵守相同或类似的管理准则和操作规程，并可

进行充分有效的信息沟通和人员交流，因而通过投资进行的技术转让成本低、速度快，而且可以避免外部市场的影响，节约市场交易成本。

2. 跨国公司转让的技术多为核心技术

跨国公司通过对外直接投资转让的技术多为核心技术，能够提高东道国子公司的国际竞争力。对于处于生命周期成熟阶段的技术，跨国公司多通过许可证贸易转让给发展中国家，以获取使用费收入；而对于核心技术，由于研发投入大，风险较高，跨国公司只愿意转让给海外的全资子公司或控股公司。拥有最新技术的跨国公司海外子公司能够借助技术优势，提高自己在东道国的竞争力。

3. 跨国公司转让的技术比较实用

跨国公司通过投资转让技术，会考虑到东道国原有的技术水平和技术消化与吸收能力。只有适应东道国消费者需求水平和需求层次的技术转让，才会对东道国具有吸引力。

4. 跨国公司内部技术无偿转让

跨国公司通过投资形式将技术转让给子公司，是出于全球战略角度的通盘考虑，获取全球利润的最大化。通过将基础性研发成果转让给子公司，有利于子公司研发机构迅速实现技术的商业化，将技术转化为产品，从而支持子公司的发展。

5. 跨国公司以技术换市场

跨国公司对外直接投资技术转让与单纯的技术转让不同，对外直接投资技术转让往往采取资本化的形式投资入股，能够绕开东道国的技术进口限制，有时还能获得东道国"以技术换市场"的外资政策支持，扩大在东道国的市场份额，实现"以技术换市场"；单纯的技术转让 R 获取技术使用费。

复习思考题

1. 跨国公司的概念、类型与主要特征？

2. 跨国公司发展呈现了哪些新趋势？

3. 跨国公司的管理组织形式主要有哪几种？

4. 跨国公司进行内部国际贸易的动因有哪些？

5. 跨国公司国际技术转让的特点有哪些？

第四章　国际证券投资

学习要点

本章主要介绍了证券投资的含义与特征，国际证券市场的概念及世界著名的交易市场，国际证券市场风险的概念及类型，国际证券市场风险的度量模型以及证券投资组合理论。探讨了国际股票投资、国际债券投资、国际投资基金的主要内容。通过学习，要求读者理解国际证券投资的相关理论，了解国际证券投资的基本程序。

第一节　国际证券投资概述

国际证券投资又称国际间接投资（International Indirect Investrnent），是指投资者（法人、自然人或机构投资者）在国际资本市场上购买外国公司股票和企业债券、政府债券或金融衍生工具等金融资产并按期获得红利、利息或价差等的投资活动。国际间接投资主体并不直接参与国外企业的经营管理活动，其投资活动主要通过国际证券市场进行，投资动机主要有两个：一是获取定期金融性收益；二是利用各国经济周期波动的不同步性和其他投资条件差异，在国际范围内分散投资风险。

一、证券投资的含义

证券是代表一定财产所有权和债权的凭证，它是一种金融资本，表示对财产的一项或多项权益，其内容包括占有、行使、处分和转让等。证券是权益的象征，合法地拥有证券就意味着合法地拥有权益；这种权益将随着证券的转让而转移，因而，权益是证券的价值所在。证券有狭义和广义之分，狭义的证券概念是一种有面值、能为持有者带来收益的所有权和债权的证书，主要包括股票、债券和基金证券等资本证券。广义的证券概念除了包括股票、债券和基金证券在内的资本证券以外，还包括货币证券、商品证券、不动产证券等。货币证券主要是指支票、本票、汇票等，商品证券是指水单、仓单、提单等，不动产证券是指房契和地契等。在日常生活中，证券通常被理解为狭义证券，即股票、债券和基金证券。

证券投资是指个人、企业以赚取股息、红利、债息为主要目的购买证券的行为，是一种不涉及资本存量增加的间接投资，证券本身不是商品，但作为商品在市场上进行买卖；证券作为商品时与一般商品不同，一般商品是用于满足人们某种需要，其价值是由生产该产品所需的必要劳动时间决定的，而投资者购买证券是为了满足其增值欲望，证券的价值是由证券发行企业的经营状况决定的。证券投资的作用不仅体现在能给投资者带来收益，而且还能加速资本集中，促进社会资金的合理流动，以满足从事社会化和国际化生产的企业面对巨额资金的紧迫需求。证券投资是资本流动的形式之一。国际证券投资不仅使闲置资本在世界范围内得到广泛的利用，促进世界经济发展，而且为证券投资企业和个人带来了广阔的投资机会。目前，国际证券投资已经发展成为国际投资活动的主要形式之一。

二、证券投资的特征

证券投资是以获取收益为目的并以信誉为基础的。投资者能否获取收益，获取多少收益，取决于企业的经营状况；证券的持有者还可以将证券在证券市场进行买卖和转让，这些就决定了证券投资具有投资收益性、投资风险性、价格波动性、流通变现性和投资者的广泛性等特征。

（一）投资收益性

投资的收益性是指证券的持有者可以凭此获取债息、股息、红利和溢价收益。证券投资的收益分为固定收益和非固定收益两类，购买债券和优先股的投资者取得的收益是固定的，无论证券发行者的经营效益如何，他们都会分别获取固定的债息和股息；而购买普通股和基金证券的投资者所获取的收益是非固定的，收益多寡取决于证券发行者经营效益或基金运作的情况。证券投资者还可以通过贱买贵卖获取溢价收益。

（二）投资风险性

证券投资者在获取收益的同时，必须承担风险。风险主要分为五个方面：第一，经营风险，即证券的发行企业在经营中，因倒闭使投资者连本带利损失殆尽，或因亏损在短期内没有收益而造成的投资损失；第二，汇率风险，即投资者所用货币贬值，导致债券等投资者到期收益的本金和利息不足以弥补货币贬值带来的损失；第三，购买力风险，即在投资期内，由于通货膨胀，致使货币的实际购买力下降，从而使投资者的实际收益下降；第四，市场风险，即投资者因证券市场价格跌落而亏损；第五，政治风险往往也是证券投资者不可回避的因素。购买任何证券投资都具有一定风险，只是承担的风险大小不同。一般情况下，投资股票的风险大于投资基金的风险，投资基金的风险大于投资债券的风险，投资政府债券的风险比投资其他债券的风险要小。实际上，证券投资的收益越多，投资的风险就越大。

（三）价格波动性

企业发行证券的价格取决于企业发行证券的目的、规划和发行方式等因素。由于企业的经济效益、市场、投资者心理、政治等因素影响，股票、债券等证券在市场上的交易价格往往与股票面值或发行价格相背离，这种背离会使证券投资具有价格波动性，给投资者带来收益损失。

（四）流通变现性

证券的流通变现性是指证券的可转让性和可兑换性。证券的投资者可以在证券市场上按法定程序将证券进行公开买卖和转让，即持有者可以根据自身的需求和市场情况自由将证券变为现金。变现取决于证券期限、收益形式、证券发行者品牌、证券信用和市场发达程度等多种因素。一般而言，证券的信誉度越高，期限越长，发行者的知名度就越高，市场运行机制就越发达，证券在流通中的变现性就越强；反之，其流通的变现性就越弱。

（五）投资者的广泛性

投资者的广泛性是指参与证券投资的人多而广。证券的投资者既可以是政府和企业，也可以是个人，其中社会大众是证券的主要投资者。投资数量由投资者根据其资金数量多少和风险大小决定，证券投资对投资者的投资数量没有限制，为寻求资本增值的社会大众参与证券投资提供了机会。

三、国际证券市场

（一）国际证券市场的概念

国际证券市场由国际证券发行市场和流通市场所组成。国际证券市场有两层含义：第一，是指已经国际化的各国国别证券市场；第二，是指不受某一国家管辖的境外证券市场。目前，大多数国际证券市场属于各国国别证券市场，只有欧洲债券市场属于不受某一国家管辖的国际证券市场。由于股票是目前国际证券市场上交易量最大的有价证券，所以，人们通常所称的国际证券市场是指股票市场。

国际证券市场最早可以追溯到 17 世纪创立的荷兰阿姆斯特丹证券交易所。19 世纪 70 年代以后，以股票为中心的证券交易所蓬勃发展；在第二次世界大战以后，股票和债券交易量大幅度增加，世界各地形成了很多著名的国际证券交易所，如纽约、伦敦、东京、中国香港等。

（二）国际证券发行市场

国际证券发行市场是向社会公众招募或发售新证券的场所或渠道。由于在国际证券发行市场第一次出售证券，所以被称为"初级市场"或"第一市场"。国际证券发行市场由发行人、购买者和中间人组成。发行人一般是资本的使用者，即政府、银行、企业等；购买者多为投资公司、保险公司、储蓄机构、各种基金会和个人等；中间人主要包括证券公司和证券商等。国际证券发行市场一般有固定场所，证券既可以在投资公司、信托投资公司和证券公司发行，也可以在市场上公开出售。证券发行的具体方式有两种：一种是在金融机构协助下由筹资企业自行发行；另一种是由投资银行等承销商承购，并由承销商通过各种渠道再分销给社会各阶层的销售者进行销售。

（三）国际证券流通市场

国际证券流通市场是指转让和买卖已由投资者认购的证券市场，因此，被称为"次级市场"或"第二市场"。国际证券发行市场是制造证券的市场，它是国际证券流通市场产生的基础，而国际证券流通市场为投资者提供转让和买卖证券的机会，满足了投资者获取资本短期收益的欲望，起到引导投资导向和变现的作用。国际证券流通市场有四种形式：证券交易所、柜台交易、第三市场和第四市场。

1. 证券交易所

证券交易所是属于有组织的规范化的证券流通市场，投资者必须通过经纪人按法定程序从事证券的交易活动。交易所内买卖的证券也必须是经过有关部门核准上市的证券。证券交易所属于二级市场，同时是二级市场的主体和核心。证券交易所的组织形式一般有两种：公司制和会员制。

（1）公司制证券交易所，是由投资者以股份有限公司的形式设立的，以盈利为目的的法人机构。公司制证券交易所由股份公司提供场地、设备和服务人员，在主管机构的管理和监督下，证券商依据证券法规和公司章程进行证券买卖和集中交割。其收益主要来自发行证券的上市费和证券交易手续费。

（2）会员制证券交易所，是由证券商自愿组成的非法人团体。会员制证券交易所不以营利为目的，在交易所内进行交易的投资者必须为该所会员，交易所的费用由会员共同承担；会员制证券交易所提供场地、设备和服务人员，证券的投资者只能通过经纪人代为买卖证券。会员制证券交易所的会员既可以是投资银行、证券公司、信托公司等法人，也可以是自然人，其会员资格是经过交易所对其学历、经历、经验、信誉和资产予以认证后取得的。

2. 柜台交易

柜台交易是指在证券交易所以外进行的交易活动，亦称场外交易。此交易类型出现于 17 世纪，多属于公开发行，但未在证券交易所登记上市的证券。柜台交易的数量没有起点和单位限制，不通过竞价买卖，交易者可以不通过经纪人直接买卖证券，而是协议成交。柜台交易也有固定场所，一般在证券经营商的营业处进行。由于柜台交易能满足不同类型和不同层次的证券投资者需求，因而得以迅速发展。

3. 第三市场

第三市场是指非交易所会员从事大量上市股票买卖的市场，即交易的证券已上市，但却在交易所外进行交易。第三市场是 20 世纪 60 年代开创的一种市场。在第三市场进行证券交易的投资者可以节省在交易所内应缴纳的佣金等交易费，因而这种市场的交易额占各种证券市场交易额总和的比重在不断提高。目前，投资公司、基金会、保险公司等交易主体在第三市场上从事证券交易活动。

4. 第四市场

第四市场是指各种机构或个人不通过经纪人，直接进行证券买卖交易的市场，即通过计算机网络进行大量交易的场外市场。交易者通过将信息输入电脑来寻找客户，在第四市场上进行交易，双方通过计算机网络进行磋商，最后达成交易。这样不仅使交易双方的身份得以保密，而且成交迅速，节省佣金等交易费用。

（四）世界著名的三大证券交易所①

1. 纽约证券交易所

纽约证券交易所（NYSE）的起源可以追溯到 1792 年 5 月，由 24 名证券经纪人在纽约华尔街 68 号签署的《梧桐树协议》。纽约证券交易所位于目前世界公认的金融中心——美国纽约曼哈顿的华尔街。2005 年 4 月，纽约证券交易所 NYSE 收购全电子证券交易所（Archipelago），成为一个营利性机构。2006 年 6

---

① 诗言. 世界三大证券交易所［J］. 亚太经济，1993（4）：29.

月，纽约证券交易所宣布与泛欧证券交易所合并，组成纽约证券交易所——泛欧证券交易所公司。

纽约证券交易所实行会员制，1972 年 7 月改为公司制，但仍实行"席位会员制"，只有拥有"席位"的会员才有资格进入纽约证券交易所的交易大厅进行交易。按纽约证券交易所规定，只有在"席位会员"出现空缺时，才会吸纳新会员。

2. 伦敦证券交易所

伦敦证券交易所成立于 1773 年，是世界上最古老的证券交易所，也是目前世界三大交易所之一。伦敦证券交易所的交易地点不仅设在伦敦，在英国的格拉斯哥、利物浦、伯明翰等城市也设有交易场所。伦敦证券交易所虽然是一个股份有限公司，但也属于会员制交易所。

伦敦证券交易所具有三大特色：一是在该所内上市的债券交易量超过了其他证券的交易量。其中，英国本国大部分的公债是在该交易所进行交易的，而且大部分债券是国外债券。二是在该交易所的大厅内不设综合行情咨询系统，也不报告当日的最新交易牌价，当日交易的详尽资料刊载于次日的《金融时报》等杂志上。三是从成交到交割所间隔的时间是世界所有交易所中最长的，大多数股票交易是在成交后的两个星期内交割，如遇节假日，交割手续顺延。

3. 东京证券交易所

东京证券交易所创建于 1879 年，它的历史与历史悠久的伦敦证券交易所和纽约证券交易所相比，晚了近一个世纪；但它的发展速度很快，目前已经超过具有 200 多年历史的伦敦证券交易所，跃居世界第二位，成为世界著名的三大交易所之一。

东京证券交易所内设有股票交易大厅、债券交易大厅、债券期货交易大厅、国债交易大厅和电脑系统买卖室。东京证券交易所股票交易有两种方式：一是在交易大厅通过交易站进行交易，主要交易 250 种日本和外国股票；二是通过电子计算机进行交易，即经纪人公司通过中央处理器向经纪人发出指令，经纪人接到指令后通过计算机进行交易，并将交易的结果通过中央处理器立即返回给经纪人公司。东京证券交易所股票交易的结算可采用当日结算、特约日结算和例行结算。当日结算就是在交易成交的当天进行股票或钱款的交割；特约日结算一般是在交易成交后 15 天内的某一日进行交割；例行结算是在交易成交后的第四个交易日进行结算，该交易所内的股票交易大多数采用例行结算。至于债券交易，东京证券交易所只允许面值 100~1000 日元的国债、大面值的可转换债券、世界银行债券、亚洲开发银行债券、欧洲日元债券和外国债券集中进行交易。

四、国际证券市场风险

(一) 国际证券市场风险概念

风险是影响金融活动的基本要素。金融行业的特殊性以及金融在整个经济运行中的枢纽地位决定了证券公司的风险是一种特殊的金融风险。根据国际清算银行的定义，风险管理的过程分为风险识别、风险度量、风险评级及报告、风险控制及管理四个环节。风险识别是根据风险的来源把风险归类到相应的风险类型中；风险度量是应用风险测度模型对风险进行度量与分析，计算出风险程度；风险评级及报告是及时地评价、报告和监控风险；风险控制及管理是采用一系列策略，对各类风险进行管理和控制。在现代投资理论中，风险是指投资收益的不确定性。即投资遭受损失或获利的机会，其含义包括四个方面：一是指结果的不确定性；二是指发生损失的可能性；三是指结果对期望的偏离；四是指损失出现的概率。国际证券市场的风险是指投资者在国际证券市场上进行投资和融资过程中遇到的各种类型的风险，这些风险可能是由证券价格波动引起的投资收益率变动，也可能是由证券价格波动导致的损失，还可能是由投资者的决策失误、经营不善等原因造成的。此外，信息不对称也可能是风险产生的原因。

(二) 国际证券市场风险类型

1. 按照风险的性质划分

从风险性质的视角，可将风险分为系统风险和非系统风险。系统风险又称市场风险、不可分散风险，是指由全局性因素引起的投资收益的可能变动，这种风险会对同一市场中的有价证券收益产生影响，且无法通过投资组合来回避或消除。系统风险包括政策风险、政治风险、利率风险、信用风险等。宏观经济环境的不确定性（如GDP、利率、经济危机等）、战争、政治、自然灾害及政府的宏观调控政策都是系统风险。

非系统风险又称可分散风险、特定风险，包括行业风险、经营风险、财务风险、道德风险等，是指只对某一个或某几个行业或公司的证券产生影响的风险。这类风险的特点有三个：一是由特殊因素引起；二是仅影响个别证券的收益；三是可以通过组合投资抵消或规避。

系统风险和非系统风险是风险的两个类型，它们的总和构成了国际证券市场的总风险。

2. 按照风险的具体来源对风险的划分

按照风险的具体来源，可将风险分为政策风险、经济周期性波动风险、利率风险、财务风险、管理风险、市场风险、购买力风险、外汇风险、政治风险等类型，它们共同组成了证券市场的总风险。

3. 按照公司内部管理划分

美国投资银行（也称证券公司）从公司内部管理的角度，常把风险分为不同的种类。例如，高盛集团将风险分为市场风险、非交易风险、信用风险和金融衍生工具风险；美林银行则从市场风险、信用风险、过程风险和其他风险角度对公司的风险进行管理；摩根士丹利将其公司面临的风险分为市场风险、信用风险、操作风险、法律风险和其他风险。

4. 从监管的视角划分

国际证监会组织（IOSCO）在《证券公司及其监管者的风险管理和控制指引》中，从监管的视角将风险划分为市场风险、信用风险、流动性风险、操作风险、法律风险和系统风险六种类型。

市场风险（Market Risk）是指由市场波动导致的证券公司某一头寸或组合遭受损失的可能性。市场风险是证券公司最常面临的一种风险，是风险管理中的重点内容；市场风险包括利率、汇率、股价、商品价格及其他金融产品价格的波动，收益率曲线的变动，市场流动性的变动，以及其他市场因素的变动。此外，市场风险还包括融券成本风险、股息风险和关联风险。

信用风险（Credit Risk）是指合约的一方不履行义务的可能性，包括在贷款、掉期、期权交易中及在结算过程中因交易对手不能或不愿履行合约承诺而使公司遭受潜在损失的可能性。这些义务包括按时偿还本息，互换与外汇交易中的结算，证券买卖与回购协议和其他义务。证券公司签订贷款协议、场外交易合约和授信时，也面临着信用风险。

流动性风险（Liquidity Risk）是指证券持有者因不能以合理的价格迅速地卖出或将该工具转手而遭受损失的可能性，包括不能对头寸进行冲抵或套期保值的风险。

操作风险（Operation Risk）是指因交易或管理系统操作不当或缺乏必要的后台技术支持而遭受财务损失的可能性，包括操作结算风险、技术风险、公司内部失控风险。

法律风险（Law Risk）是指因不能执行的合约或因合约一方超越法定权限的行为，而导致损失的可能性，包括合约具有潜在的非法性以及对手无权签订合约的可能性。

系统风险（Systemic Risk）是指因单家公司倒闭、单个市场或结算系统混乱而在整个金融市场产生"多米诺骨牌效应"，从而导致金融机构相继倒闭的可能性，包括单家公司或单个市场的波动触发连片或整个市场崩溃的可能性。

此外，也可以根据证券的种类将风险划分为股票风险、债券风险、金融衍生工具风险等。

（三）国际证券市场风险度量

风险是证券市场的本质特征之一，伴随证券市场而存在。目前，对证券市场风险的度量沿着两个方向发展：一是从效用函数本身的研究出发，从一般意义上探讨风险计量问题；二是从具体计量方法出发，开发各种风险计量模型。前者偏向于理论描述，侧重构建风险研究的理论框架，但其度量指标和度量方法的可操作性较差；后者倾向于实际应用，注重风险度量指标的实际可操作性和可比较性。

1. 基于效用函数的风险测度模型

基于效用函数的风险测度模型主要分为基于期望效用理论的风险测度模型、标准风险测度模型和随机占优模型三大类。

（1）基于期望效用理论的风险测度模型。

期望效用理论是冯·诺依曼和摩根斯坦（Von Neumann and Morgenstern）在伯努利效用值理论的基础上提出的，它运用概率论计算风险决策后果对行为人产生的效用值数学期望，并以此证明可用期望效用值最大化作为决策的准则。

为进行计量风险，构建风险主观价值函数。根据冯·诺依曼的期望效用理论，设时财富期望值为 $E(\omega)$、财富期望值的效用为 $U[E(\omega)]$。财富效用的期望值为 $E[U(\omega)]$，设有一个等价确定值 $CE(\omega)$，满足 $U[CE(\omega)]$，则风险的主观价值 $\pi(\omega)=E(\omega)-CE(\omega)$。若 $\pi(\omega)>0$，则说明投资者是风险厌恶的；若 $\pi(\omega)=0$，则说明投资者是风险中性的，若 $\pi(\omega)<0$，则说明投资者是风险偏好的。这反映了风险厌恶的投资者在承担一定风险时会要求相应的补偿，或者为了消除风险愿意付出一定的代价。

最具有代表性的模型是马柯维茨风险溢价模型和普拉特—阿罗（Pratt-Arrow）风险溢价模型。

马柯维茨风险溢价模型为：

$$\pi_m = E(\omega+\tilde{z})-U^-[U(\omega+\tilde{z})] \tag{4-1}$$

式中，$\tilde{z}$ 表示风险证券收益率；$U^-(\cdot)$ 表示 U 的反函数；π_m 表示投资者对该投资方案的风险溢价要求。

普拉特—阿罗风险溢价模型为：

$$\pi_p = \frac{1}{2} r(\omega) \times E\left[(\tilde{Z}-Z)^2\right] = \frac{1}{2} r(\omega) \times \sigma_{\tilde{Z}}^2 \tag{4-2}$$

式中，$r(\omega) = -U''(\omega)/U'(\omega)$，为绝对风险规避；$\sigma_{\tilde{Z}}^2$ 表示证券收益率的方差。

在上述两种风险测度模型中，马柯维茨的风险溢价模型适用范围广，无特殊的限制条件，但无法分析效用函数的结构特性及其对风险溢价的影响。普拉特—阿罗的风险溢价模型可以分析不同效用函数对风险溢价的影响，但该模型的假设条件非常严格，要求风险足够小，否则误差极大；π_p 取决于投资者的风险厌恶程度，该模型适用于连续可微的效用函数。因此，这两种风险溢价模型有较强的主观性，并且计算困难，也没有考虑证券收益率之间的相关性，在实际投资决策中很难适用。

（2）标准风险测度模型。Jia 和 Dyer（1996）利用效用函数开展风险测度一般理论研究，并将风险测度直接与投资者的偏好联系起来，提出了标准风险测度模型。

设 $\overline{X}$ 为证券 X 的期望收益率，定义零期望收益率基准上的标准风险变量 X'（$X' = X - \overline{X}$），则可得出 X' 的效用测度为：

$$R(X') = -E\left[U(X-\overline{X})\right] \tag{4-3}$$

式中，$U(\cdot)$ 是冯·诺依曼—摩根斯坦期望效用函数。

定义风险分散集如下：

$$\varphi = \left\{X' \mid X' = X - X'\right\} \tag{4-4}$$

式中，对于任意的 X_1'，$X_2' \in \varphi$，当且仅当 $R(X_1') > R(X_2')$ 时，有 $X_1' > X_2'$。

对于证券 X，在满足二维效用公理和风险独立的条件下，Jia 和 Dyer 提出了以下风险价值基本模型：

$$f(X, \overline{X}') = V(\overline{X}) - \varphi(\overline{X})\left[R(X') - R(0)\right] \tag{4-5}$$

式中，$V(\overline{X})$ 表示投资者在收益均值处的效用，是 X 的增函数；$\varphi(\overline{X})$ 表示依赖于收益均值 $\overline{X}$ 的均衡因子；$R_0 = -U(0)$ 是与收益变量无关的常数。

在上述模型中，若 $R(X') > R(0)$，则适用于风险厌恶型投资者；若 $R(X') < R(0)$，则适用于风险偏好型投资者。普拉特—阿罗风险溢价模型等均可视为标准风险测度模型的特例。

（3）随机占优模型。随机占优模型是以期望效用理论为基础，研究不确定条件下的统计决策与推断的理论。经典期望效用理论的固有局限性制约着传统随机占优模型的发展和应用。自20世纪80年代末，随着广义期望效用理论基本发展成熟，对随机占优模型的研究取得了新进展，但这些研究总体上是零散的或者不完善的。相比较而言，随机占优模型对投资者的效用函数类型没有特殊要求，适用于任何概率分布，但它只能开展两两比较，应用于大规模的证券投资组合选择比较困难。

2. 实际应用的证券市场风险测度模型

基于实际应用的风险测度方法分为不确定性风险理论和下方风险理论两大类。不确定性风险理论侧重于描述收益不确定性的客观状态，在其理论框架下的风险测度方法和指标有以方差、β 值为代表的方差类，以 H 指数为代表的分形市场理论，以及信息熵方法等。下方风险理论从潜在损失的角度来研究风险，可以明确区分损失和收益对投资者的心理影响，其主要风险测度指标有下偏矩、半绝对离差、一般风险计量指标和基于行为金融理论的风险管理等。

（1）不确定性风险理论框架下的风险测度指标。

1）均值—方差衡量法。

在证券市场上，证券收益率是一个随机变量。以证券收益率的方差作为风险测度指标，马柯维茨（1952）提出了现代证券投资组合的均值—方差模型。理性投资者在进行投资时总是追求投资风险和收益之间的最优平衡，即在一定风险下获取最大收益或在一定收益下承受最小风险。马柯维茨的方差测度模型具有开创性，以后各种风险测度方法均是在此基础上的进一步发展和完善。

第一，单一证券投资风险的测度。对单一证券投资风险可以用未来可能收益率与期望收益率的偏离程度来测度，即：

$$\sigma^2(r) = \sum_{i=1}^{n} \left[r_i - E \right]^2 \times p_i \tag{4-6}$$

式中，$\sigma^2(r)$ 表示某一证券收益率 r 的方差；r_i 表示某一证券的实际收益率；E 表示某一证券的期望收益率，也是按概率加权得出的平均收益率；p_i 表示第 i 种可能结果的发生概率。

标准差的大小受收益率波动程度与证券的期望收益率水平高低的影响。标准差是用来比较期望收益率相同的各证券投资的风险水平。对于不同期望收益率的证券投资的风险水平比较则必须采用标准差系数。标准差系数的计算公式为：

$$V = \frac{\sigma(r)}{E} \tag{4-7}$$

式中，V 表示标准差系数，$\sigma(r)$ 和 E 分别表示某一证券收益率 r 的标准差和期望收益率。一般来说，标准差系数越小，说明该证券的风险相对越低；反之则相反。

例如，证券 A 和证券 B 都可能遭遇繁荣、一般和衰退三种情景，三种情景发生的概率及证券 A 和证券 B 在不同情景下的预期收益率见表4-1。试分析证券 A 和证券 B 的期望收益率和投资风险。

表4-1　证券 A 和证券 B 的预期收益率及相应的发生概率

经济情景	发生概率	收益率（%）	
		A	B
繁荣	0.2	40	70
一般	0.6	20	20
衰退	0.2	0	−20

首先，计算两种证券的期望收益率。

$$\begin{cases} E_A = 40\% \times 0.2 + 20\% \times 0.6 + 0 \times 0.2 = 20\% \\ E_B = 70\% \times 0.2 + 20\% \times 0.6 + (-20\% \times 0.2) = 22\% \end{cases}$$

其次，计算证券 A 和证券 B 的标准差。

$$\begin{cases} \sigma(r_A) = \sqrt{\sum_{i=1}^{n}(r_i - E_A)^2 \times p_i} \\ \qquad = \sqrt{(40\% - 20\%)^2 \times 0.2 + (20\% - 20\%)^2 \times 0.6 + (0 - 20\%)^2 \times 0.2} \\ \qquad = 12.65\% \\ \sigma(r_B) = \sqrt{\sum_{i=1}^{n}(r_i - E_B)^2 \times p_i} \\ \qquad = \sqrt{(70\% - 22\%)^2 \times 0.2 + (20\% - 22\%)^2 \times 0.6 + (-20\% - 22\%)^2 \times 0.2} \\ \qquad = 28.57\% \end{cases}$$

最后，比较两种证券的风险。

由于两种证券的期望收益率不同，不能直接利用标准差大小来比较其风险程度，因此，需要分别计算两种证券的标准差系数。

$$V_A = \frac{\sigma(r_A)}{E_A} \times 100\% = 12.65\% \div 20\% \times 100\% = 63.25\%$$

$$V_B = \frac{\sigma(r_B)}{E_B} \times 100\% = 28.57\% \div 22\% \times 100\% = 129.86\%$$

由此可见，证券 B 的投资风险要大于证券 A。

投资者投资证券时，如果各种证券期望收益率相同，则更倾向于选择风险低的证券；如果各种证券的风险水平相同，则更倾向于选择期望收益率高的证券；如果证券市场上可供选择的证券的期望收益率与风险均存在差异，那么有效的方法是选择相对收益大、风险相对低的证券。

第二，证券投资组合风险的度量。

证券投资组合中任一证券均可视为随机变量，其期望值为 $E(r_\omega)$，方差为 σ_w^2。证券投资组合的期望收益率为：

$$E_P = \sum_{i=1}^{N} w_i E_i \qquad (4-8)$$

式中，E_P 表示证券投资组合的期望收益率；E_i 表示证券的期望收益率；w_i 表示证券 i 在组合中的投资比重；N 表示组合中证券的种类。

证券投资组合的总体风险用组合的期望收益率的方差表示，但组合的总体方差并不是单个证券方差的加权和，而是还取决于组合中各证券之间的协方差。当证券投资组合由 N 种证券组成时，组合的总体方差由 N 个方差和 $N(N-1)/2$ 个协方差组成。

$$\sigma_P^2 = \sum_{i=1}^{N} \sum_{j=1}^{N} w_i w_j \sigma_{ij} = \sum_{i=1}^{N} w_i^2 \sigma_i^2 + \sum_{i=1}^{N} \sum_{\substack{j=1 \\ j \neq i}}^{N} w_i w_j \sigma_{ij} \qquad (4-9)$$

式中，σ_{ij} 表示证券 i 和证券 j 的协方差。

例如，一个投资者把 20%、30% 和 50% 的资本分别投资于 A、B、C 三种证券，这三种证券的标准差分别为 0.04382、0.01844、0.04382，相关的协方差见表 4-2，那么该证券投资组合的标准差是多少？

表 4-2　A、B、C 三种证券的协方差

证券组合	协方差
A 与 B	0.0008
B 与 C	−0.008
A 与 C	−0.00192

$$\sigma_P = \sqrt{\sigma_A^2 \omega_A^2 + \sigma_B^2 \omega_B^2 + \sigma_C^2 \omega_C^2 + 2\omega_A \omega_B \sigma_{AB} + 2\omega_A \omega_C \sigma_{AC} + 2\omega_B \omega_C \sigma_{BC}} = 0.77\% \qquad (4-10)$$

从计算结果可以看出：证券投资组合的风险低于单一证券，构建证券投资组织达到了降低风险的目的。

一般情况下，当投资者同时持有几种不同的证券时，可以在不降低期望收益

率的情况下降低投资的风险，风险的降低程度主要取决于组合内各证券间的相关性。当组合内各证券收益率完全负相关（相关系数为-1）时，证券投资组合的风险分散效果最好；当组合内各证券收益率完全正相关时（相关系数为1），证券投资组合的风险无法被分散。风险包括系统风险和非系统风险，组合投资只能在一定程度上降低或分散证券投资的非系统风险，但并不能完全分散系统风险。

2）β 系数法。

β 系数常用于测度一项风险资产的系统风险相对于平均水平的大小，β 系数大于1的资产风险高于平均水平，其收益率也高于平均收益率。

在马柯维茨均值—方差模型的基础上，夏普、林特纳和莫辛等提出了资本资产定价模型（Capital Asset Pricing Model，CAPM）。其中，β 系数是资本资产定价模型中的风险指标。在保持均值—方差模型的假设条件基础上，夏普提出了风险的测度方法：

$$\begin{cases} \beta_i = \dfrac{\mathrm{Cov}(r_i, \ r_I)}{\sigma_I^2} \\ \sigma_I^2 = \beta_I^2 \sigma_I^2 + \sigma_{\varepsilon i}^2 \end{cases} \qquad (4-11)$$

式中，$\mathrm{Cov}(r_i, \ r_I)$ 表示证券 i 的收益率与市场指数收益率之间的协方差；σ_I^2 表示市场收益率的方差；$\beta_I^2 \sigma^2$ 表示系统风险；$\sigma_{\varepsilon i}^2$ 表示非系统风险。

上述 β 系数等方差类的风险指标在实际中运用得比较广泛，但也存在较大的缺陷。例如，此类指标应用的前提假设是证券收益率服从正态分布，投资者是风险厌恶的且具有二次效用函数；但越来越多的实证结果显示证券收益率并不服从正态分布，而行为金融学和心理学的相关研究成果也表明风险厌恶型效用函数并不能完全反映投资者的偏好和选择。

（2）下方风险理论框架下的风险测度指标。在下方风险理论框架中，给定一个目标收益率 h，只有小于 h 的收益率才被作为风险的计算因子。下面主要介绍 VaR 模型。

VaR（Value at Risk）按字面翻译是"在险价值"。VaR 方法是国际 30 人小组于 1993 年开始推广、使用的风险管理方法。随后摩根大通提出了 Risk Metrics 方法，并从 1994 年起向公众提供计算全球 400 多种资产和指数的日 VaR 和月 VaR 所需的数据集。国际互换与金融衍生工具协会、国际清算银行和巴塞尔银行监管委员会都推荐使用 VaR 方法来评估金融风险。VaR 方法具有信息披露、资源配置和绩效评价等功能。

Jorion 将 VaR 定义为：在给定的置信区间和持有期间内，风险资产由正常市场变化引起的高于目标水平的最大损失。也就是说，在给定时间内，证券组合的潜在损失不大于 VaR 的概率等于置信区间。据此定义，VaR 的数学表达式为：

$$Prob(\Delta P \leqslant VaR) = \alpha \tag{4-12}$$

式中，ΔP 表示组合在持有期内的价值变动量；α 表示置信水平。

例如：一个标准普尔 500 指数的投资，风险评估表示为：$Prob(r_p \leqslant 0.07) = 17\%$。其含义是：资产价值有 17% 的概率会下降 7% 或更多。

VaR 的另一种表达方式比较常用且直观。假设资产价值的概率分布密度函数为 $f(w)$，给定置信水平 α，w_0 为风险资产的初始价值，r 为持有期间 t 的收益率，w^* 为置信水平 α 上的资产最低价值。其模型为：

$$VaR = E(w) - w^* = w_0(1+r) - w^* \tag{4-13}$$

式中的 w 可由 $\alpha = \int_{w^*}^{\infty} f(w)\,\mathrm{d}w$ 求得。

当收益率服从正态分布时，VaR 的表达式可变化为：

$$VaR = w_0 \times k \times \sigma \times \sqrt{t} \tag{4-14}$$

式中，k 可由 $1 - \alpha = \int_{-\infty}^{-k} \varphi(x)\,\mathrm{d}x$ 求出。其中 $\varphi(x)$ 是标准正态分布密度函数。

在建立 VaR 模型时，需要确定置信水平、观察期间、持有期限和持有期限内收益率的概率分布。其中，确定组合收益的分布函数或概率密度函数是关键，主要方法有分析方法（方差—协方差法）、历史方法和蒙特卡罗模拟法等。

第二节　证券投资组合理论

一、证券投资组合理论

（一）证券投资组合理论产生的背景

证券投资组合理论（Portfolio Theory）起源于 20 世纪初，当时西方发达国家的证券市场规范性不强，投机主义氛围浓厚，导致西方国家的证券市场风险极大。1933 年和 1934 年美国分别颁布了《证券法》《证券交易法》，证券市场得以规范。为了规避风险，传统的证券投资组合理论应运而生。传统的证券投资组合理论认为，证券投资需要经过确定组合管理的目标、构建证券投资组合和进行经济效益评估步骤。投资者也分为三类：一是理性投资者，期望获得稳定的收益；二是风险投资者，力求获得较大的资本增值；三是中性投资者，在风险承受范围内既希望获得稳定的收益，又期望获得资本增值。在构建投资组合时，第一类投资者选择安全性高、收益稳定的债券组合；第二类投资者选择风险较高且收益较高的成长型股票组合；第三类投资者的投资组合中债券和股票的具体比例要根据偏好而定。

美国经济学教授哈里·马柯维茨于 1952 年 3 月在《金融杂志》上发表的学术论文《资产选择：有效的多样化》中，首次运用定量分析方法，并采用风险资产的预期收益和方差表示风险，来研究资产的选择和组合问题。该种证券投资组合理论克服了传统的证券投资组合理论主观判断选择证券投资的缺陷，为现代证券投资组合理论奠定了基础。

（二）马柯维茨的证券投资组合理论的假设

马柯维茨认为，虽然人们总愿意持有收益率高的资产，但总是厌恶风险。在现实生活中，收益率高的资产总是伴随着较大的风险，所以理性的投资者会选择风险较小的投资组合。因此，他认为投资者不能将资产的收益作为选择资产的唯一依据，应将资产的收益和风险结合起来。马柯维茨的证券投资组合模型做了以下三个假设：

（1）投资者在做决策时既关心期望收益率，也关心风险。

（2）投资者厌恶风险但偏好较高的期望收益率。

（3）证券市场不存在摩擦。

马柯维茨在建立方差模型时借用了上述三个假设，并借助数理知识推导出了投资者在有效边界上选择证券投资组合的技术路径。

（三）单个证券的收益与风险的分析

1. 单个证券的期望收益率

投资风险是投资活动遭受损失的可能性。投资活动中的风险是绝对存在的，只是风险大小不同。作为投资对象的证券，按风险大小大致可分为两类：一类是未来收益率相对固定而且风险也相对较小的证券，即无风险证券，如债券、优先股等证券；另一类是未来收益率并不固定而且风险较大的证券，即风险证券，股票、投资基金等。

（1）无风险证券的期望收益率。无风险证券的收益是相对固定的，测算它的期望收益率相对容易，只需要综合考虑它的利息或股息及资本利得，其计算公式为：

$$R = \frac{P_T - P_0 + D}{P_0} \tag{4-15}$$

式中，R 表示投资者的收益率，P_0 表示投资者所持证券的期初价格，P_T 表示证券在持有期末的价格，D 表示投资者在证券持有期间所获得的资本收益，由股利或利息构成。

（2）风险证券的期望收益率。期望收益率是指投资者持有某一证券一段时间所获得的平均收益。

若收益率 R 服从的是离散型分布，则应采用加权求和的方式，计算公式为：

$$E(R) = \sum_{i=1}^{N} R_i \times P_i \tag{4-16}$$

式中，R_i 为第 i 种可能的结果发生时的投资收益率，P_i 为第 i 种可能的结果发生时的概率，N 表示可能的总结果数。

若收益率服从连续性分布，则应采用积分的方式，计算公式为：

$$E(R) = \int_{-\infty}^{+\infty} R \times f(R) \, \mathrm{d}R \tag{4-17}$$

式中，$f(R)$ 为收益率 R 的概率密度函数。

2. 单个证券收益率的方差和标准差

（1）方差。收益率的方差是用于描述可能的收益率相对于期望收益率的离散程度的一个统计量，它是收益率的每个可能取值与期望值之差的平方的加权平均。

若收益率 R 服从的是离散型分布，则方差的计算公式是：

$$\mathrm{Var}(R) = E[R - E(R)]^2 = \sum_{i=1}^{N} [R_i - E(R)]^2 \times P_i \tag{4-18}$$

式中，$\mathrm{Var}(R)$ 表示方差。

若收益率 R 服从的是连续型分布，则方差的计算公式为：

$$\mathrm{Var}(R) = E[R - E(R)]^2 = \int_{-\infty}^{+\infty} [R - E(R)]^2 \times f(R) \, \mathrm{d}R \tag{4-19}$$

式中各变量的含义同前。

（2）标准差。标准差是方差的平方根，它通过对方差开方恢复了原来的计量单位。相对于方差来说，标准差更方便比较。其计算公式为：

$$\sigma = \sqrt{\mathrm{Var}(R)} \tag{4-20}$$

式中，σ 表示标准差，是方差的平方根。

在通常情况下，证券投资收益率的分布是对称的，也就是说，实际收益率高于和低于期望收益率的概率是一样的。计算出的方差和标准差越大，说明实际收益率与期望收益率的偏离越大，投资该证券的风险也就越大；计算出的方差和标准差越小，说明实际收益率与期望收益率的偏离越小，投资该证券的风险也就越小。

（四）证券投资组合的收益与风险分析

在投资风险证券时，人们为了规避风险，通常会购买两种或两种以上的证券，即采用组合投资的策略。计算证券投资组合的期望收益率和方差，与计算单个证券的期望收益率和方差相比要复杂得多，但其基本原理是大致相同的。

1. 证券投资组合中各证券收益之间的相关性

在测算证券投资组合的风险时，不仅要测算每种证券的风险，而且要测算在证券投资组合中每种证券之间的关系对收益率的影响，这是证券投资组合分析与单个证券分析的最大不同。

（1）协方差。协方差实际上是两种证券收益率离差之积的期望值，常被用来衡量证券收益率之间的关系。协方差的计算公式为：

$$\mathrm{Cov}(X, Y) = E\{[R_X - E(R_X)][R_Y - E(R_Y)]\} \tag{4-21}$$

式中，$\mathrm{Cov}(X, Y)$ 表示证券 X 和证券 Y 之间的协方差。如果协方差为正值，那么当 X 的收益率大于其期望值时，Y 的收益率也大于其期望值；当 X 的收益率小于其期望值时，Y 的收益率也小于其期望值，即两种证券收益率的变动方向是一致的。如果协方差为负值，那么两种证券收益率的变动方向相反，即一种证券收益率上升，另一种证券收益率下降。当协方差为零时，两种证券之间没有任何关系，即一种证券收益率的变动对另一种证券收益率不会产生任何影响。

（2）相关系数。在对证券投资组合进行分析时，如果不同的证券投资组合规模存在差异，就无法根据协方差来对两个证券投资组合之间的风险大小进行比较，此时可能要计算并分析证券投资组合中各证券收益率之间的相关系数（Correlation Coefficient），这与单个证券分析又不同。作为无量纲的统计量，相关系数可以解决风险比较这一问题。证券投资组合中各证券收益率之间的相关程度可以用相关系数来衡量。相关系数的计算公式为：

$$\rho_{XY} = \frac{\mathrm{Cov}(X, Y)}{\sigma_X \sigma_Y} \tag{4-22}$$

式中，ρ 为证券 X 与证券 Y 的相关系数，$\mathrm{Cov}(X, Y)$ 为证券 X 与证券 Y 之间的协方差，σ_X 和 σ_Y 分别表示证券 X 和证券 Y 的收益率的标准差。

相关系数的取值处于-1 和 1 之间。相关系数为负，表示两种证券的收益率负相关，特别是相关系数为-1 表示两种证券的收益率完全负相关；相关系数为正表示两种证券的收益率负相关，特别是相关系数为 1，表示两种证券的收益率完全正相关；相关系数为 0，表示两种证券收益率之间不存在任何关系（见图 4-1）。马柯维茨认为，证券投资组合的收益率一般是不确定的，没有哪个证券的收益率与其他证券的收益率完全负相关。

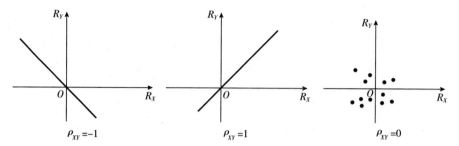

（a）证券收益率完全负相关　　（b）证券收益率完全正相关　　（c）证券收益率完全不相关

图 4-1　证券收益率

2. 证券投资组合的期望收益率

证券投资组合的期望收益率是证券投资组合中每种证券收益率的加权平均值。它是根据概率统计的原理来计算的，公式为：

$$E(R_p) = \sum_{i=1}^{N} W_i E(R_i) \tag{4-23}$$

式中，$E(R_p)$ 表示整个组合的期望收益率，W_i 表示第 i 种证券的投资金额在证券投资组合的投资总额中所占的比重。

3. 证券投资组合的方差

证券投资组合的方差是资产投资组合中每种证券的方差及各种证券之间协方差的加权平均值。它是根据概率统计的原理来计算的。其计算公式为：

$$
\begin{aligned}
\sigma_p^2 &= E[R_P - E(R_P)]^2 \\
&= E\left\{ \sum_{i=1}^{N} W_i[R_i - E(R_i)] \right\}^2 \\
&= E\left\{ \sum_{i=1}^{N} W_i^2[R_i - E(R_i)]^2 + \sum_{i=1}^{N} \sum_{\substack{j=1 \\ i \neq j}}^{N} W_i W_j[R_i - E(R_i)][R_j - E(R_j)] \right\} \\
&= \sum_{i=1}^{N} W_i^2 E[R_i - E(R_i)]^2 + \sum_{i=1}^{N} \sum_{\substack{j=1 \\ i \neq j}}^{N} W_i W_j E[R_i - E(R_i)][R_j - E(R_j)] \\
&= \sum_{i=1}^{N} W_i^2 \sigma_i^2 + \sum_{i=1}^{N} \sum_{\substack{j=1 \\ i \neq j}}^{N} W_i W_j \sigma_{ij}
\end{aligned}
\tag{4-24}
$$

式中，组合中所有证券的方差与证券间的协方差构成了由 N 个证券组成的证券投资组合的方差。

从上述公式可以看出，证券投资组合的期望收益率和风险取决于单个证券的期望收益率、单个证券所占的比例、单个证券收益率的标准差和证券收益率之间的相关程度。只要各种证券的收益率不完全正相关，投资者就可以通过调整各种证券在投资组合中的比例来降低风险。

（五）证券投资组合与风险分散

证券风险有非系统风险与系统风险之分。来自公司内部和行业的风险属于非系统风险。非系统风险可以通过充分分散投资降低，甚至可以完全消除，因此也叫可分散风险。宏观经济政策、经济周期的变动等企业外部因素导致的风险是系统风险，是企业无法控制的，不可能通过分散投资的手段完全消除，因此系统风险也称为不可分散风险。

投资者在投资的同时必然要面对风险，但可以通过构建一定的证券投资组合来分散风险。投资者构建证券投资组合对于系统风险和非系统风险具有不同的分散效果。假定证券投资组合中包含 N 种证券，每种证券的方差 σ_i^2 都相等，为 σ^2；每种证券的投资比例 W_i 也相等，为 $\frac{1}{N}$；用 σ_p^2 表示组合的方差；用 σ_{ij} 表示证券 i 与证券 j 之间的协方差（$\neq 0$）。由式（4-24）可得：

$$\sigma_p^2 = \sum_{i=1}^{N} W_i^2 \sigma_i^2 + \sum_{i=1}^{N} \sum_{\substack{j-1 \\ i \neq j}}^{N} W_i W_j \sigma_{ij}$$

$$= N \times \frac{1}{N^2} \times \sigma^2 + N \times (N-1) \times \frac{1}{N^2} \times \overline{\sigma_{ij}} \qquad (4-25)$$

$$= \frac{1}{N} \sigma^2 + \left(1 - \frac{1}{N}\right) \overline{\sigma_{ij}}$$

式中，σ_p^2 表示组合的方差，$\overline{\sigma_{ij}}$ 表示证券 i 与证券 j 之间的协方差的平均值，$\sum_{i=1}^{N} W_i^2 \sigma_i^2$ 表示组合的非系统风险，$\sum_{i=1}^{N} \sum_{\substack{j-1 \\ i \neq j}}^{N} W_i W_j \sigma_{ij}$ 表示组合的系统风险。

从上式可得出，当证券投资组合中的证券数量 N 增加并趋于无穷大时，$\frac{1}{N}$ 趋于零，因此第一项 $\frac{1}{N} \sigma^2$ 趋于零，第二项 $\left(1 - \frac{1}{N}\right) \overline{\sigma_{ij}}$ 趋于 $\overline{\sigma_{ij}}$。由此得出，整个证券投资组合的非系统风险随证券数量的增加而下降，直至趋于零，因为非系统风险随证券数量的增加而被分散。但证券投资组合的系统风险在证券数量增加时并不能被完全消除，仅是逐渐收敛于某一个有限数，见图4-2。

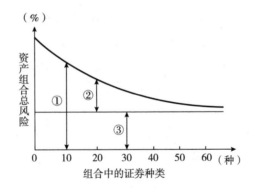

图 4-2　证券投资组合的风险构成

注：图中①表示证券投资组合的总风险；②表示证券投资组合的非系统性风险；③表示证券投资组合的系统性风险。

（六）证券投资组合的选择

1. 有效集理论

（1）可行集。为了规避投资风险，投资者可以进行组合投资。每个证券投资组合都有相应的收益和风险，这些组合可以构成一个可行集，可行集实际上是由若干种证券构成的所有组合的集合。任何一个证券投资组合都位于可行集的内部或边界上。在以标准差为横轴、以期望收益率为纵轴的坐标图中，可行集呈扇形，其边界上及边界内各点代表了所有可行的证券投资组合。可行集的图形可随着证券投资组合的变化而变化，但不会改变其扇形形态。

（2）有效集。马柯维茨认为，可行集中包括了无数个可供投资者选择的证券投资组合，但投资者不可能对所有可供选择的证券组合逐个进行投资，投资者可通过有效集定理来找到其最优的证券投资组合。所谓最优的证券投资组合一般要满足两个条件，即在相同期望收益率水平下，具有最小风险的证券投资组合和在相同风险水平下具有最大期望收益率的证券投资组合。而可行集只需要满足一个条件即可。从可行集中挑选出来的能够同时满足上述两个条件的证券投资组合就是有效集，也称为有效证券投资组合。

通过有效集进行证券投资组合选择是研究证券投资组合中的重要问题。我们根据以下两个目标来讨论有效集的应用问题：

第一，选择在相同期望收益水平下，具有最小风险的证券投资组合。

在图 4-3 的可行集中，S 点的期望收益率最大，G 点的期望收益率最小，可行集中所有的点都位于 S 点的下方、G 点的上方。从 S 点到 G 点区间包含各种证券投资组合的期望收益率。在同样的期望收益率水平下，风险最小的证券投资组合位于从 G 点经 P 点到 S 点的曲线段上。因此，在相同期望收益水平下具有最小风险的证券投资组合位于从 G 点到 S 点的边界上。

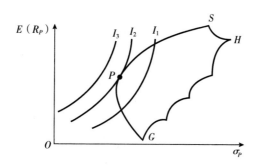

图 4-3　有效集和可行集

第二，选择在相同风险水平下具有最大期望收益率的证券投资组合。

在图 4-3 的可行集中，P 点的风险最小，H 点的风险最大，因为可行集中所有的点都位于 P 点的右方、H 点的左方。从 P 点到 H 点这个区域包含了各种证券投资组合的所有风险。具有最高期望收益率的证券投资组合位于从 P 点经 S 点到 H 点上方的边界上。

有效集应该是曲线段 GS 和 PH 的交集，也就是曲线段 PS，因为只有位于曲线段 PS 上的证券投资组合才能同时满足上述两个条件，所以这条线段也就是有效边界，不在这条线段上的其他组合不是风险太大就是期望收益率太低。马柯维茨把不在这条线段上的其他组合叫无效组合。投资者只需对曲线段 PS 上的证券投资组合进行分析，就能找到同时符合相同风险水平下具有最大期望收益率和在相同期望收益水平下具有最小风险的最优证券组合。

2. 无差异曲线

马柯维茨认为，对收益的不满足和对风险的厌恶是投资者共有的两大特征。对收益的不满足表现为在两个风险相同的投资组合中，投资者会选择期望收益率较高的证券投资组合；对风险厌恶表现为两个期望收益率相同的证券投资组合中，投资者会选择风险较小的证券投资组合。但投资偏好收益和厌恶风险的程度是不同的，马柯维茨因此引用了无差异曲线来代表投资者对证券投资组合的风险和收益率的偏好。从图 4-4 的无差异曲线中我们可以得到如下结论：

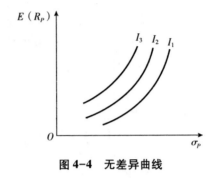

图 4-4　无差异曲线

（1）无差异曲线斜率为正。根据收益与风险并存的原则，收益给投资者带来的是正效用，风险给投资者带来的是负效用。在横轴代表风险、纵轴代表收益率的坐标图中，无差异曲线具有正的斜率，也就是对预期收益率要求较高的投资者愿意承担更多的风险。

（2）无差异曲线是凸向原点的一条曲线，且为下凸。在边际效用递减原理的作用下，随着风险的增大，投资者所要求的期望收益率越来越高。

（3）同一条曲线上的所有证券投资组合虽然对应的期望收益率和标准差不同，但给投资者带来的效用是相同的。

（4）从理论上说，投资者都希望在承担最小风险的条件下获取最大的收益，但在现实中，投资者的偏好往往又是不同的，通过无差异曲线就可以衡量投资者的偏好。从图 4-4 中我们可以看出，无差异曲线的斜率是不同的，而且是永不相交的。图 4-5（a）中的无差异曲线比图 4-5（b）中的陡峭，即斜率更大。无差异曲线的斜率越大，说明投资者越厌恶风险，对风险增大同样幅度所要求的收益率上升幅度越大。

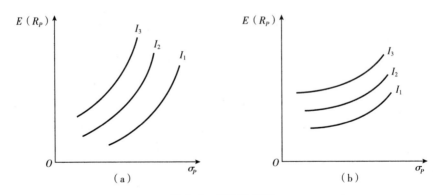

图 4-5　投资者偏好

3. 最优证券投资组合的选择

最优证券投资组合既是唯一的，又是相对的。之所以说它唯一，是因为对任何投资者而言，从风险和收益角度综合考虑确实存在一个最优证券投资组合。

投资者根据投资效用最大化原则选择证券投资组合，见图4-6。有效边界 PS 与无差异曲线 I_1 交于 P_1 点，与 I_2 交于 P 点，这两个交点都在有效边界上，由于无差异曲线 I_2 位于无差异曲线 I_1 的上方，其预期收益率要高，因此，选择与 I_2 相交的 P 点的证券投资组合的效用要大于与无差异曲线 I_1 相交的 P_1 点的证券投资组合。无差异曲线 I_3 上各点的证券投资组合的预期收益率虽然最高，但因其没有与有效集相交的点，所以无法找到有效的证券投资组合，因此，P 点是该投资者唯一的最优证券投资组合。

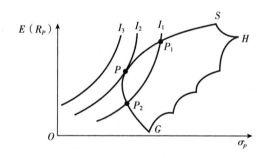

图4-6　最优证券投资组合

最优证券投资组合是相对的，因为投资者对收益和风险的偏好不同，具有不同偏好的投资者所选择的最优证券投资组合存在差异。部分投资者非常厌恶风险，部分投资者则愿意为了获得更高的收益率而承担更大的风险。图4-7（a）代表的投资者是高度厌恶风险的，其无差异曲线的斜率较大，将会选择 P^* 点代表的证券投资组合。图4-7（b）代表的投资者则为了获得更高的收益率，宁愿承受较大的风险，其无差异曲线较平缓，会选择 P^{**} 点代表的证券投资组合。

马柯维茨的证券投资组合理论用量化的方法来进行证券投资组合分析，为证券投资分析理论研究的发展奠定了基础。

二、资本资产定价理论

（一）资本资产定价理论产生的背景

资本资产定价理论（Capital Asset Pricing Theory）起源于20世纪60年代初，

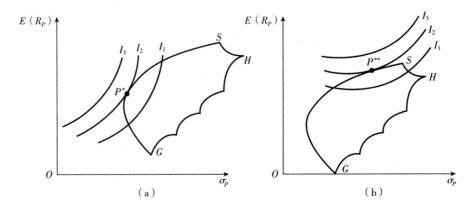

图 4-7　具有不同风险厌恶程度的投资组合选择

几乎是在与证券投资组合理论相同的背景下产生的。马柯维茨提出证券投资组合理论以后，金融资本投资的理论问题基本得到解决，投资者似乎找到了规避资本市场风险的有效武器，但是实物资本的风险分散问题还没有得到解决。

1964 年美国斯坦福大学教授威廉·夏普（William Sharpe）将马柯维茨的证券投资组合理论与有效市场假说结合起来，分析了证券投资组合的期望收益率与风险之间的理论关系，从而提出了资本资产定价理论。资本资产定价理论通过建立一种适合资本资产的定价模型来论证风险和期望收益率之间的关系，对证券均衡价格的确定做出了系统的解释，因此也被称为资本资产定价模型（Capital Asset Pricing Model，CAPM）。后来经过林特纳（Lintner）和莫辛（Mossin）的完善，该理论逐渐发展成了今天的资本资产定价理论。

（二）资本资产定价理论的假设条件

夏普建立的资本资产定价模型与马柯维茨的理论一样，也建立在一定假设的基础之上，这些假设具体包括：

（1）资本市场不存在摩擦。即任何人都可以无障碍地进入这个市场，市场上的税收和交易成本为零，投资者可以自由地买空卖空，投资者买卖证券的交易单位没有限制，信息和资金可以自由流动，每个投资者只能被动地接受价格。

（2）所有投资者都是风险厌恶者。即所有投资者都根据期望收益率和方差进行资产选择，追求的是在相同期望收益率下的最小风险或在相同风险下的最大期望收益率。

（3）投资者的预期相同。即投资者对期望收益率、标准差、协方差的预期是相同的。

（4）单个投资者对资本市场没有影响。即单个投资者在证券市场上的各种投资行为不会对整个证券市场或证券市场上的某种证券价格产生影响。

（5）存在无风险利率。即投资者可以以同一利率借贷资金。

（6）投资期限是一致的。即所有投资者对资本市场上任何投资品种的投资期限均是相同的。

在这些假设条件下，夏普通过其建立的资本资产定价模型论证了资产的期望收益率与风险的内在联系，以及如何根据资产的风险对资产进行合理的定价。

（三）资本资产定价模式的主要内容

1. 资本市场价格线

（1）允许无风险借贷时的有效集。

收益固定、不存在任何风险的资产叫无风险资产。按照马柯维茨的证券投资组合理论，证券投资组合中的证券都是有风险的，但在资本市场上的证券交易中，确实存在无风险资产，如美国联邦政府的短期国库券，因为联邦政府不可能违约，而且短期内即使物价和利率发生变化也可忽略不计。由于无风险资产没有任何不确定性，所以无风险资产的标准差为零，无风险资产的期望收益率与风险资产的期望收益率之间的协方差也等于零。投资者在建立证券投资组合时，并不一定只购买风险资产，也会购买一定比例的无风险资产。此外，投资者并不只限于用自己的资金去购买证券，也可以借一部分资金来购买证券。

引入无风险借贷后，投资者可将借来的资金中的一部分用于购买无风险资产，另一部分用于购买风险证券，这就会使可行集和有效集都发生变化，有效边界 DMF 和无差异曲线的交点也将随之发生变化，但只对部分投资者产生影响。引入无风险借贷以后，从无风险收益率 A 点出发做一条与有效边界 DMF 相切的直线 AC，切点为 M。与有效边界 DMF 相比，在同样的风险水平下，AC 上的证券投资组合的期望收益率要高于有效边界 DMF 上的证券投资组合。AC 上的证券投资组合的风险要小于有效边界 DMF 上的证券投资组合。在允许无风险借贷的情况下，有效边界就变成了一条经过无风险收益率 A 点，并与马柯维茨有效集相切的直线（见图 4-8）。

（2）资本市场线。资本市场线是一条射线，一条反映有效证券投资组合的期望收益率与风险之间关系的射线。每个投资者沿射线选择一点，较保守的投资者贷出一部分资金，而将其他资金投资于某一证券投资组合；较激进的投资者借入一部分资金，将其与原有的资金一起投资于某一证券投资组合，但所有点都停留在这条资本市场线上（见图 4-9）。

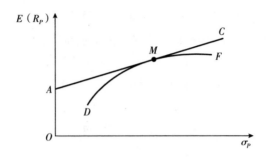

图4-8 允许无风险借贷的有效集

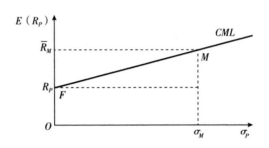

图4-9 资本市场线

一般情况下，不同偏好的投资者都需要将其资金在无风险资产 F 与市场组合 M 之间进行分配。将 FM 用一条射线连接起来，这条射线可以表示任何一位投资者的最优组合，任何一位投资者的最优组合都将落在这条射线上，即资本市场线上。资本市场线通过无风险资产投资组合点，并与马柯维茨有效边界相切，其切点为 M，被称为市场组合。在均衡状态下，市场组合是由所有证券构成的组合，其中任何一种证券的资金分配比例都等于该证券总市值与全部证券总市值的比例。市场组合在资本资产定价模型中具有核心作用。资本市场告诉我们，在均衡状态下的任何一个最优组合都由市场组合 M 与无风险资产 F 构成。若投资者可以从各种途径源源不断地借到资金投资于风险证券，那么资本市场线从 M 点开始后，可以向右无限延长。资本市场线的斜率等于市场组合的期望收益率 $\overline{R_M}$ 与无风险利率 R_f 的差除以市场组合的标准差 σ_M，资本市场线的截距为 R_f，从而可以得出资本市场线的计算公式：

$$E(R_p) = R_f + \frac{\overline{R_M - R_f}}{\sigma_M} \sigma_p \qquad (4-26)$$

式中，$E(R_p)$ 代表证券投资组合的期望收益率，σ_p 代表证券投资组合的标准差，资本市场线的斜率代表单位风险报酬，用于度量风险增加一单位要求期望收益率提高的幅度。

资本市场线实际上反映了在市场均衡状态下，投资者选择的证券投资组合的风险大小，而不是单个证券的期望收益率与风险之间的线性关系，因为单个证券不是一个有效组合，它不会像资产的有效组合那样出现在资本市场线上，而是出现在证券市场线上。因此，这一问题将在下面阐述的证券市场线中得以解决。

2. 证券市场线

证券市场线（Security Market Line，SML）是一条反映个别证券和有效证券投资组合的期望收益率与协方差之间的线性关系的直线，它反映了各种证券的风险，是资本资产定价模型最普通的形式。

资本市场线已经反映出有效证券投资组合的期望收益率与风险之间的关系，但对于单个证券的风险，需要用证券市场线来衡量。每一种证券的风险都包括两部分：一部分是诸如经济周期、通货膨胀、政府政策、战争、瘟疫等对所有企业都会产生影响而且不能被分散的市场风险；另一部分是来自公司本身的、不能被有效分散的非市场风险。

在衡量某单一证券风险的时候，一般会引入一个风险系数 β。第 i 种证券相对于整个证券市场的风险：

$$\beta_i = \frac{\sigma_i M}{\sigma^2 M} \tag{4-27}$$

式中，β_i 表示证券 i 相对于整个证券市场的风险；$\sigma_i M$ 表示证券 i 的风险；σ_M^2 表示证券市场的风险。

在不同的市场条件下，如果某证券的 β 值为 1，那么该证券与整个市场的走势是完全一样的；如果某证券的 β 值大于 1，那么该证券的波动方向与整个市场一致，但波动幅度要大于整个市场的平均波动幅度，因而风险相对较大；如果某证券的 β 值在 0 和 1 之间，那么该证券的波动方向与整个市场一致，但波动幅度小于整个市场的平均水平；如果某证券的 β 值小于 0，那么该证券的波动方向与整个市场相反。在证券市场上，理论界往往认为 β 值大于 1 的证券属于风险较大的进攻性证券，β 值小于 1 的证券属于风险较小的防御性证券，β 值等于 1 的证券属于风险适中的中性证券。

无论是单个证券，还是证券投资组合，其风险的大小都是由 β 系数来测定的。图 4-10 中的纵坐标代表单个证券或证券投资组合的期望收益率 $E(R)$，横

坐标代表 β 值。R 是无风险证券的收益率，所以其对应的 β 值等于零。如果从这一点画一条经过 M 点的射线，那么这条反映期望收益率与市场 β 值的关系的射线就是证券市场线。证券市场线的斜率由 R_m-R_f 决定。如果代表某种证券的 A 点不在证券市场线上，而是在证券市场线上方，则说明 $R_a-B_a(R_m-R_f)<R_f$，人们会争相购买该种证券，造成该种证券供不应求。该种证券的价格会随之提高，导致其收益率降低，直至市场达到均衡，在图 4-10 中体现为代表该种证券的点回到 M。如果代表某种证券的 B 点不在证券市场线上，而是在证券市场线下方，则说明 $R_b-B_b(R_m-R_f)>R_f$，人们会竞相抛售该种证券，造成该种证券供大于求。该种证券的价格会随之下降，导致其收益率上升，直至市场达到均衡，在图上体现为代表该种证券的点回到 M。因此，在均衡状态下，各种证券的预期收益率都会落在证券市场线上。

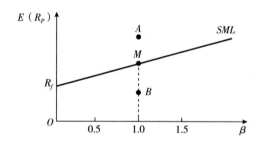

图 4-10　证券市场线

证券市场线可以用公式表示为：

$$E(R_i)=R_f+\frac{\overline{R_M}-R_f}{\sigma_M^2}\sigma_iM=Rf+(\overline{R_M}-R_f)\beta_i \qquad (4-28)$$

式中，R_f 表示无风险收益率，$(-R_M-R_f)\beta_i$ 表示风险溢价。其中，$\beta=\frac{\sigma_iM}{\sigma^2M}$ 是证券 i 对市场组合风险的贡献度，通常称为 β 系数。

任何一种证券的期望收益率也是由两部分组成：一部分是无风险收益率，另一部分是风险溢价。式（4-28）也可以改写为：

$$E(R_i)-R_f=(R_M-R_f)\beta_i \qquad (4-29)$$

任何一种证券的预期收益率与市场组合收益率之间的关系都可以用特征线来概括：

$$R_i-R_f=\beta_{iM}(R_M-R_f)+\alpha_i+\varepsilon_i \qquad (4-30)$$

式中，R_i-R_f 代表证券 i 的超额收益率；R_M-R_f 代表市场组合的超额收益率；α_i 代表市场组合的超额收益率为零时证券 i 的期望收益率；ε_i 代表随机误差项，一般为零。

在某些时候，α_i 反映了市场价格被误定的程度。当 $\alpha_i>0$ 时，市场对证券 i 的收益率的预期高于均衡的期望收益率，表明市场价格偏低；当 $\alpha_i<0$ 时，市场对证券 i 的收益率的预期低于均衡的期望收益率，表明市场价格偏高。

证券市场线将每一种证券的预期收益率与相应的市场风险联系在一起。夏普认为，在证券市场上，证券的风险值都是可以调整的，当期望收益率经风险调整到均衡状态时，就再也没有调整的动力了，即所有证券的预期收益率都会落在证券市场线上。这意味着凡是有效的证券投资组合既会落在资本市场线上，也一定会落在证券市场线上。然而，非有效组合则只会落在证券市场线上，在资本市场线之下。在证券投资活动中，投资者们总是在寻找位于证券市场线上方的股票，但在信息发达的今天，这种机会少之又少，因为只有在大家都低估某只股票时，它才会出现在证券市场线的上方；否则，该股票的投资者很容易了解到发行该股票的企业的实际状况，不用等股票偏离证券市场线多远就会买入，直到其回到证券市场线上。

（四）对资本资产定价模型的评价

夏普的资本资产定价模型是证券界建立的第一个对资本资产进行定价的模型，这一定价模型后来被投资者用来做资本预算和投资决策，被评级机构用来测评管理者的业绩，被立法机构用来规范一些慈善机构的费用率。该模型现在已成为投资者在证券市场上进行证券投资活动的主要工具。

但是，资本资产定价模型只关注证券投资组合因素对资本收益的影响，忽略了其他因素对证券投资活动收益的影响。在现实的证券市场中，即使市场上的投资者非常理智，证券的有效组合也很难既落在资本市场线上，又落在证券市场线上，因为不同投资者的投机程度和对未来各种事物的预期是有很大差异的，资本资产定价模式对这些问题没有予以考虑。

三、套利定价理论

（一）套利定价理论产生的背景

证券投资组合理论和资本资产定价理论解决了在一定的收益率水平下，如何使风险最小化的问题。但是，证券投资组合理论对期望收益率与风险的关系的测算是通过计算证券投资组合的期望收益率和方差来实现的，这不仅要求投资者知道单个证券的期望收益率及其方差和协方差，而且要求对不同证券收益率之间的相关性进行研究，计算过程十分复杂；资本资产定价理论需要满足严格的假设条件才能成立，但这些假设条件在现实的证券市场上是难以满足的，因此，证券投资组合理论和资本资产定价理论应用起来都不方便。美国经济学家斯蒂芬·罗斯（Stephen Ross）从全新的角度来探讨期望收益率问题，并于1976年12月在《经济理论杂志》上发表了一篇题为《资本资产套利定价》的论文，提出了资本市场均衡下的套利定价理论（Arbitrage Pricing Theory，APT）。

套利定价理论将所有资产的收益率都用一组因素的线性组合来描述。他认为，如果在同一个完全竞争的商品市场上，同一产品会以相同的价格出售，那么在复杂的证券市场上，所有证券的收益率也应是相同的；如果价格不同，就可以通过贱买贵卖来套利。该理论简单实用，更适合大众投资者。

（二）因素模型

资本资产定价模型解决了个别证券的市场均衡问题，套利定价模型揭示了在较复杂的市场条件下证券价格的形成过程，而因素模型则证明了证券关联性的存在是外部各种力量对各种证券同时产生作用的结果。罗斯认为，国民生产总值、通货膨胀率和利率等因素影响着各种证券的收益率，于是他提出了证券收益率因素模型。马柯维茨的证券投资组合理论是从协方差的角度来考虑证券收益率的相关性问题，而罗斯的因素模型则是从各种外部因素对证券收益率影响的角度来考虑相关性问题。

1. 单因素模型

证券收益是由市场组合决定的，证券 i 的收益率可以由市场指数的收益率的线性表达式进行计算。其计算公式为：

$$R_i = \alpha_i + \beta_i \overline{R_M} + \varepsilon_i \qquad (4\text{-}31)$$

式中，$\overline{R_M}$ 表示市场组合的平均收益率，即市场指数的收益率；α_i 表示截距项；ε_i 表示随机扰动项。

假设证券的收益率只受到一种因素的影响，证券之间的协方差由影响该证券收益率的因素决定，那么计算证券的收益率时就可以采用单因素模型，其公式为：

$$R_i = \alpha_i + \beta_i F + \varepsilon_i \qquad (4\text{-}32)$$

式中，F 表示决定证券收益率的因素，β_i 表示证券 i 对因素 F 的敏感度，对随机扰动项 ε_i 的设定与市场模型一致。根据上述假设，便可得出任意两种证券协方差的计算公式为：

$$\sigma_{ij} = \text{Cov}(R_i, R_j) = \beta_i \beta_j \sigma_F^2 \qquad (4-33)$$

对于由 N 个证券构成的组合 P 而言，当组合中每种证券所占比重为 W_i 时，该组合 P 的收益率为各个证券收益率的加权值，即 $R_P = \sum_{i=1}^{N} W_i R_i$。由于 $R_i = \alpha_i + \beta_i F + \varepsilon_i$，所以组合 P 的收益率为：

$$R_P = \sum_{i=1}^{N} W_i(\alpha_i + \beta_i F + \varepsilon_i) = \sum_{i=1}^{N} W_i \alpha_i + \sum_{i=1}^{N} W_i \beta_i F + \sum_{i=1}^{N} W_i \varepsilon_i = \alpha_p + \beta_p F + \varepsilon_p$$
$$(4-34)$$

式中：

$$\alpha_P = \sum_{i=1}^{N} W_i \alpha_i, \quad \beta_P = \sum_{i=1}^{N} W_i \beta_i, \quad \varepsilon_P = \sum_{i=1}^{N} W_i \varepsilon_i \text{。}$$

证券投资组合 P 的方差可由式（4-35）推导出来：

$$\sigma_P^2 = \sum_{i=1}^{N} W_i^2 \sigma_i^2 + \sum_{i=1}^{N} \sum_{\substack{i=1 \\ i \neq j}}^{N} W_i W_j \sigma_{ij}$$

$$= N \times \frac{1}{N^2} \times \sigma^2 + N \times (N-1) \times \frac{1}{N^2} \times \overline{\sigma_{ij}} \qquad (4-35)$$

$$= \frac{1}{N} \sigma^2 + \left(1 - \frac{1}{N}\right) \overline{\sigma_{ij}}$$

$$\sigma_P^2 = \beta_P^2 \sigma_F^2 + \sigma^2(\varepsilon_P)$$

证券投资组合的风险由系统风险和非系统风险两部分构成。要计算由 N 个证券构成的组合风险，只需要计算出证券投资组合对该因素的敏感度、该因素的方差及随机项的方差，而证券投资组合的敏感度、随机项的方差又分别由各个证券敏感系数 β_i 和随机项的方差 σ_ε^2 决定。因此，只需要求出该因素的方差、N 个证券对该因素的敏感度 β_i 和随机项的方差 σ_ε^2 一共 $2N+1$ 个值就可以确定证券投资组合的方差。但是，在资本资产定价模型中，需要计算 N 个方差和 $\frac{1}{2}(N^2-N)$ 个协方差，这比单因素模型要复杂很多。

2. 多因素模型

在现实的证券市场中，证券收益率随机项之间的协方差一般不为零，这说明影响证券收益率的因素不止一个，因此只有使用多因素模型，才能验证影响证券收益率的因素都有哪些。多因素模型的计算公式为：

$$R_i = \alpha_i + \beta_{i1} F_1 + \beta_{i2} F_2 + \cdots + \beta_{ik} F_k + \varepsilon_i \qquad (4-36)$$

式中，R_i 是证券 i 的收益率；β_{ij} 是证券 i 对因子 j 的敏感系数，$j=1$，2，…，

k；F_j 是均值为零的第 j 个因子，$j=1$，2，$\cdots$，k；ε_i 是证券 i 的随机项。

与单因素模型一样，多因素模式也需要做出一些假设：$E(\varepsilon_i)=0$；$\text{Cov}(\varepsilon_i,$ $\varepsilon_j)=0$，$\text{Cov}(F_i, F_j)=0$。前三个假设的含义与单因素模型一致，第四个假设是指各因素之间不存在相关性。因此，在多因素模型下，证券 i 的方差为：

$$\sigma_i^2=\beta_{i1}^2\sigma^2(F_1)+\beta_{i2}^2\sigma^2(F_2)+\cdots+\beta_{ik}^2\sigma^2(F_k)+\sigma_\varepsilon^2$$

多因素模型中的系统风险由 k 个经济因素的不确定性共同决定，而非系统风险则由随机项的不确定性决定。

对于由 N 个证券构成的证券投资组合 P 而言，当证券投资组合中每种证券所占的比重为 W_i 时，证券投资组合的总收益率是构成组合的各种证券的收益率的加权值，即 $R_P=\sum_{i=1}^{N}W_iR_i$，由于 $R_i=\alpha_i+\beta_{i1}F_1+\beta_{i2}F_2+\cdots+\beta_{ik}F_k+\varepsilon_i$，所以组合 P 的收益率为：

$$\begin{aligned}
R_P &= \sum_{i=1}^{N}W_i(\alpha_i+\beta_{i1}F_1+\beta_{i2}F_2+\cdots+\beta_{ik}F_k+\varepsilon_i)\\
&= \sum_{i=1}^{N}W_i\alpha_i+\sum_{i=1}^{N}W_i\beta_{i1}F_1+\sum_{i=1}^{N}W_i\beta_{i2}F_2+\cdots+\sum_{i=1}^{N}W_i\beta_{ik}F_k+\sum_{i=1}^{N}W_i\varepsilon_i\\
&= \alpha_P+\beta_{P_1}F_1+\beta_{P_2}F_2+\cdots+\beta_{pk}F_k+\varepsilon_P
\end{aligned}$$

$$(4-37)$$

式中，

$$\alpha_P=\sum_{i=1}^{N}W_i\alpha_i,\ \beta_{P}j=\sum_{i=1}^{N}W_i\beta_{ij}(j=1,\ 2,\ \cdots,\ k),\ \varepsilon_P=\sum_{i=1}^{N}W_i\varepsilon_i\circ$$

同样，可以根据每种证券的方差求出整个组合的方差：

$$\sigma_P^2=\beta_{P_1}^2\sigma^2(F_1)+\beta_{P_2}^2\sigma^2(F_2)+\cdots+\beta_{P_k}^2\sigma^2(F_k)+\sigma^2(\varepsilon_P)$$

根据单因素模型和多因素模型计算得出的数据，可以推导出马柯维茨模型中的有效边界，进而确定最优组合。因素模型指出了多种因素决定着证券及证券投资组合的收益率，但是不能像资本资产定价模型那样明确指出对证券收益率产生影响的具体因素。

（三）套利定价模型

1. 假设条件包括：套利定价模型的假设条件

（1）市场上的证券数量是无限的；

（2）套利组合要求投资者不得追加资金；

（3）套利组合对任何因素的敏感度均为零；即 $X_1b_{1i}+X_2b_{2i}+\cdots+X_nb_{ni}=0(i=1,\ 2,\ \cdots,\ k)$；

（4）套利组合的期望收益率大于零，即 $X_1E_1+X_2E_2+\cdots+X_nE_n>0$。

2. 套利组合

套利是指利用同一种资产在不同时间和地点的价格差异来赚取无风险利润的一种市场活动。通俗地讲，套利就是利用某种资产的价差不断地进行买卖交易，并从中获取收益。套利的进行会使资产的价差变为零，进而使套利空间不复存在。事实上，套利组合就是在不增加也不减少资金的情况下，通过卖出一部分原有资产、买进一部分新资产而建立起来的新组合，可以用公式表示为：

$$W_1+W_2+\cdots+W_N=0$$

式中，W_i 表示证券 i 在套利组合中所占比重的变动，可以取正值也可以取负值。套利组合对任何因素的敏感度都为零，不用承担因素风险，便可获得无风险收益。因为证券投资组合对某种因素的敏感度等于组合中各个证券对该因素的敏感度的加权值，所以在 k 因素模型中有：

$$W_1\beta_{1j}+W_2\beta_{2j}+\cdots+W_i\beta_{ij}+\cdots+W_n\beta_{nj}=0,\ j=1,\ 2,\ \cdots,\ k$$

套利组合的期望收益率应该大于零，这是投资者进行套利活动的根本原因，这可以用不等式表示为：

$$W_1R_1+W_2R_2+\cdots+W_iR_i+\cdots+W_NR_N>0 \tag{4-38}$$

式中，R_i 表示证券 i 的期望收益率。

3. 套利定价模型

套利活动会使收益率偏高的资产价格上升、收益率下降，使收益率偏低的资产价格下降、收益率上升，最终导致套利机会消失，市场达到均衡。套利定价理论认为，投资者为了实现利润最大化，会连续不断地进行套利操作，直至资产价格恢复均衡为止。

（1）单因素套利定价模型。

投资者的目标就是实现组合的期望收益率最大化，而组合的期望收益率的计算公式为：

$$\overline{R_P}=X_1\overline{R_1}+X_2\overline{R_2}+\cdots+X_n\overline{R_n} \tag{4-39}$$

式中，R 表示套利组合的期望收益率。

建立拉格朗日函数，可得：

$$L=(X_1\overline{R_1}+X_2\overline{R_2}+\cdots+X_n\overline{R_n})+\lambda_0(X_1+X_2+\cdots+X_n)+\lambda_1(b_1X_1+b_2X_2+\cdots+b_nX_n) \tag{4-40}$$

为求最大值 $\mathrm{Max}(L)$，对其求一阶偏导数，得：

$$\frac{\partial L}{\partial X_i} = \overline{R_i} - \lambda_0 - \lambda_1 b_1 = 0$$

$$\frac{\partial L}{\partial \lambda_0} = X_1 + X_2 + \cdots + X_n = 0$$

$$\frac{\partial L}{\partial \lambda_1} = b_1 X_1 + b_2 X_2 + \cdots + b_n X_n = 0$$

单因素套利定价模型可以写为：

$$\overline{R_i} = \lambda_0 + \lambda_1 b_1 \tag{4-41}$$

式中，λ_0 和 λ_1 是常数。

单因素套利定价模型的意义在于告诉我们任何证券或证券投资组合的期望收益率都由两部分组成：一部分是风险利率；另一部分是风险补偿。风险补偿由证券或证券投资组合对某因素的敏感度和该因素的单位风险价格共同决定。

（2）多因素套利定价模型。

与单因素套利定价模型相比，多因素套利定价模型只不过是影响因素更多了。这时期望收益率与因素的关系可以用期望收益率对因素的敏感度的线性函数来表示，其模型的数学表达式为：

$$E(R_i) = \lambda_0 + \lambda_1 \beta_{i1} + \lambda_2 \beta_{i2} + \cdots + \lambda_k \beta_{ik} \tag{4-42}$$

式中，证券 i 为无风险资产，由于其期望收益率就是无风险利率 r_F，而其对各因素的敏感度又均为 0，因此 $\lambda_0 = r_F$。此外，λ_i 的含义也十分明显，表示对因素 F_i 的单位敏感度的风险溢价。

套利定价模型也是描述均衡市场中证券或证券投资组合的期望收益率与风险之间的关系的理论，但它大大简化了资本资产定价理论的计算过程，应该说这是对资本资产定价理论的一大改进。

四、有效市场假说

（一）有效市场假说产生背景

法国数学家巴利亚（Ballia）根据对股市的长期研究，早在 1900 年就提出了有效市场和随机游走的思想，但没有引起理论界的注意。英国统计学家莫里斯·肯德尔（Maurice Kendall）在 1953 年对股市进行研究后也发现，股价的变动是随机的，无规律可言。后来随机游走的思想得到了萨缪尔森的推崇。巴利亚和肯德尔都是在仅对股市进行研究的基础上提出随机游走思想的，既无法估算股价的变动，也无法用经济学理论去解释这种现象，所以他们所提出的随机游走思想还难以成为一种解释证券市场活动的理论。1970 年 5 月，美国芝加哥大学教授尤金·法马（Eugene Fama）发表了一篇题为《有效资本市场：理论与实证研究的回顾》的论文，首次提出了有效市场假说（Efficiency Market Hypothesis，EMH）这一概念。他认为消息会引起证券价格波动，如果证券价格能够反映投资者获得的信息，即信息可以通过证券价格得以体现，那么这样的证券市场就是有效市场。

（二）有效市场假说的主要内容

有效市场假说主要包括以下几个方面的内容：

第一，市场信息是完全充分的。市场信息是随时随地出现的，它们独立地进入市场，证券价格波动也是随意的，仅对即时信息做出反应，与上一次价格波动是没有关系的。

第二，追求利润最大化的投资者充斥着整个市场，他们不受其他人对市场和证券评论的影响，而是根据自己得到的信息独立地做出判断，并独立地对股票进行买卖操作。

第三，所有的投资者能及时、准确地对市场上的最新信息做出反应，并调整股票结构，利用新信息在市场上获取超额利润。

有效市场假说以现实市场情况为出发点。在信息披露充分的情况下，任何利好消息都会使某只股票或整个市场快速上涨；同样，任何利空消息都会使某只股票或整个市场快速下跌。证券市场上的证券价格就是对市场信息的真实反映。

当然，有效市场假说也是建立在一定的前提条件之上的，这些前提条件主要包括：交易不存在障碍、信息公开程度高、证券价格不受个别投资者的影响，以及市场上都是追求利润最大化、被动接受市场价格的投资者。尤金·法马认为，只要证券市场价格能够充分反映投资者可以获得的信息，那么这样的证券市场就是有效市场。

（三）有效市场的种类

尤金·法马根据信息集合的不同将有效市场分为弱式有效市场、半强式有效市场和强式有效市场三类。

1. 弱式有效市场

在弱势有效市场（Weak-Form Efficiency Market）中，证券价格反映了从市场交易数据中可以得到的全部信息。这些历史信息主要包括证券的价格、收益率、交易量等。在弱式有效市场上，投资者无法根据历史信息对证券价格进行预测。证券价格的每次上升或下降都与以前没有相关性，而是呈现随机游走的特点。

检验弱势有效市场的方法有相关性检验、游程检验等。相关性检验主要是检验证券市场上不同时期的数据之间的相关性，如果不存在相关性或相关性很小，则该证券市场属于弱式有效市场，游程是指若干个相同方向的具体价格变动，分为正走势、零走势和负走势、即价格上升、价格不变和价格下降三个方向。如果价格连续出现两个或两个以上相同方向的变动，就产生了一个游程，直至价格变动方向发生变化，新的游程宣告开始。游程检验主要是通过对证券价格序列的游程个数与随机序列的游程个数的期望值进行比较来得出市场是不是弱式有效市场的结论：如果两者没有显著的差别，就说明证券价格序列是随机的，该证券市场属于弱式有效市场。在弱式有效市场中，技术分析失效。

2. 半强式有效市场

在半强式有效市场（Semi-Strong-Form Efficiency Market）中，证券价格既能反映历史信息，又能反映其他公开信息。其他公开信息主要包括公司的盈利预测、股利的分配方案和财务报表等。在半强式有效市场中，历史信息和其他公开信息对未来股价或预测未来股价没有任何意义，因为证券价格会随着信息进行调整。

检验半强式有效市场的方法主要是考察公司公布有关盈利、巨额交易和股票分红等的消息对股价的影响。上市公司如果盈利，一般要发布盈利预测数和最终的年报，盈利预测数是公布年报前的一个预估数，最终确切的盈利数会在年报里发布，但它们之间存在时间差和数额差。公司的股价也会随着盈利预测数和最终的确切盈利数的公布相应地发生变化。如果最终的确切盈利数公布后股价没有发生大的变化，则该证券市场属于半强式有效市场，因为股价在盈利预测数发布后已经进行了充分的调整。在半强式有效市场中，巨额交易发生后，累计超额收益率一般不会有较大变化。公司股票分割以后，公司股本增加了，股东的持股数量也相应增加，但持股比例没有发生变化，所以也就不会影响股东的实际财富。股票分割预示着管理层对公司未来有良好的利润预期，如果股票分割后公司股票价格上涨，说明该证券市场属于半强式有效市场。现在大多数较成熟的证券市场都属于半强式有效市场，基本面分析在半强式有效市场难以发挥作用，因为信息公开程度高，投资者对公司前景十分了解，所以一般不会出现证券价格与公司内在价值不符的情况。

3. 强式有效市场

在强式有效市场（Strong-Form Efficiency Market）中，证券价格不仅能反映历史信息和其他公开信息，而且能反映内幕消息。判断强势有效市场的方法是考察公司内部的高管和相关人员是否能够从内幕消息中获取超额收益，以及资本市场上的管理人员或专业人员能否利用其独特的优势来赚取超额利润。

在现实社会中，公司内部管理人员一般拥有关于公司历史、未来发展变化和高管人员安排等的尚未公布的内幕消息。公司内部管理人员往往可以通过内幕消息在证券市场上进行证券买卖操作，以赚取超额收益。具有丰富经验和独特优势的券商往往也有自己独特的信息渠道，他们也会利用这一优势获取超额利润。在强式有效市场中，市场信息的公开程度是很高的，内幕消息等信息也不例外，因此投资者不可能持续地获取超额利润。如果公司内部管理人员不能利用内幕消息持续地获取超额利润，那么该证券市场就属于强式有效市场。

（四）对有效市场假说的评价

有效市场假说的意义在于告诉投资者在有效市场中不能依靠技术分析获取超额利润，但是，有效市场的条件要求较高，尤其是强有效市场的条件在现实中往往难以达到。虽然世界各国都制定了对证券市场进行监管的法律，但目前世界上还没有哪一个国家找到有效的方法来杜绝公司内部人员利用内幕消息获取超额利润。许多研究实例表明，到目前为止，世界各国的证券市场一般属于弱式有效市场，少数国家的证券市场达到了半强式有效市场的水平，还没有国家的证券市场达到强式有效市场的水平。因此，有学者认为，强式有效市场假说是不成立的。

第三节 国际股票投资

一、股票及股票投资的概念

股票是有价证券的一种，它是由股份公司发行的，用以证明股票持有人对公司拥有所有权，也是股票持有人分享公司股息或红利、参与公司经营管理等方面的权益凭证。股票属于要式证券，必须依据法定格式制成。股票的票面应注明公司名称、公司成立时间、发行股份总数及每股金额，以及本次发行的股份总数，股票的发行时间，股息或红利的发放时间与地点，股票的种类及其他差别的规定，公司认为应当说明的其他事项和股票的编号等。此外，股票还必须有三名以上董事的签名盖章，并经主管机构或其核定的发行登记机构认证。

股票投资是企业、个人等购买股票的一种行为。股票投资者一般享有以下三项基本权利：①公司盈利时的分红权，红利也是股票投资者的收益；②剩余财产的分配权，剩余财产的分配权限于公司解散或倒闭时才会出现；③股东大会的参加和表决权，股东的表决权意味着股东对公司的间接经营管理权。股东的上述权益说明，股票投资属于间接投资，它具有收益性、风险性、变现性、决策参与性、价格的波动性等特征。

二、股票的性质

股票是股份公司发行的一种有价证券，按其性质可划分为证权证券、要式证券、有价证券、非物权及债权证券、可转让证券和虚拟资本。

（一）股票是一种证权证券

股票是一种表明股权转移的证券。股票的作用是证明股东的权利。股票的发行是以股份存在为前提条件的。股票既不像一般的票据是股权证券，也不是债权证券。

（二）股票是要式证券

股票必须按法律的要求记载一定事项，主要包括公司的名称和地址、公司设立登记和新股发行的批准文号，以及公司的股份总额、每股金额、本次发行的份数、发行时间等，并由三名以上董事签名盖章，经过主管机关或其核定的发行登记机构批准后才能发行。

（三）股票是有价证券

股票代表股东对公司资产的权利，根据《中华人民共和国公司法》规定，公司股东依法享有资产收益、参与重大决策和选择管理者等权利。因此，股权是一种综合性的权利。此外，股东权利的转让应与股票占有的转移同时进行，二者缺一不可。

（四）股票不是物权及债权证券

股东是企业部分财产的所有人，并享有股东权利，股东可以出席股东大会并行使表决权、转让权和公司解散时的剩余资产的分配权。但是股东对于公司的财产不能直接支配处理，股东也不是公司的债权人，只对企业的债务承担有限债务责任。

（五）股票是一种可转让的证券

作为金融资产的股票和其他有价证券一样的，既可以在金融市场上买卖，也可用于赠予、抵押和继承。其价格是其资产的价值。

（六）股票是一种虚拟资本

股票的价格波动与真实资本的运行既互相关联又相对独立。其独立性主要体现于股票在证券市场上可以进行各种形式的交易，而不会增减资本；其关联性主要体现于直接影响着股票在二级市场的发展走势。

三、股票的种类

企业根据不同的需要发行不同种类的股票。股票的种类和分类方法较多，按股东承担的风险和享有的权益来分，一般分为普通股和优先股；按股票是否记名来分，可分为记名股票和无记名股票；按股票有无面额来分，分为面额股票和无面额股票。

（一）普通股和优先股

1. 普通股

普通股是股份公司必须发行的一种基本股票。普通股是股票中最普遍的形式。普通股的股东享有以下权利：

（1）收益的分享权。在公司有盈利时，普通股股东有权分享公司的盈利。普通股股东的红利取决于公司的盈利多寡。

（2）剩余资产的分配权。在公司破产时，普通股股东有分得公司剩余资产的权利，在清偿公司的债务及优先股股东收回最初投资后进行。

（3）决策权。股东有权参加或委托代理人参加股东大会，并行使其表决权，间接参与公司的经营管理。

（4）新股认购权。股东有优先认购公司发行新股的权利。新股认购权一般被称为认股特权，认股特权价格的计算公式为：

$$P = \frac{P_0 \times R}{1+R} \tag{4-43}$$

式中，P 代表认股特权价格，P_0 代表股票市价与面值的差额，R 代表新股与旧股的认购比例。

例如，某公司发行的旧股面值为 20 元，其市价每股 30 元，每拥有 8 股旧股可认购 1 股新股，其每股的认购特权价格为：

$$\frac{(30-20) \times \frac{1}{8}}{1 + \frac{1}{8}} = 1.11（元）$$

（5）股份的转让权。除公司发起人的股份在达到规定的期限后可以转让外，其他股东的股份可随意转让。

2. 优先股

优先股是指股东在公司盈利或在公司破产清算时，享有优先分配股利或资产权利。优先股股东的优先权主要包括：公司盈利分配的优先权和索债优先权。

优先股具有三个特点：一是表决权受到限制。即优先股股东一般没有表决权，只有在涉及直接关系到优先股股东利益的问题时，才能行使表决权。二是股息固定。优先股股息是事先规定按面值一定比例计算的。三是可赎回性。发行优先股的公司一般在发行一年后可以高于面值赎回或购回已发行的优先股。

优先股本身的种类也很多，常见的有以下六种：

（1）积累优先股，是指公司在盈利不足以分派给股东固定股息的情况下，股东有权在公司盈利时要求公司补足所欠股息。

（2）非积累优先股，是指由于公司盈利较少，当年未能向股东发放或未如数发放固定的股息，在日后公司盈利后，股东不具有要求公司补发以前所欠股息的权利。但非积累优先股的股息一般高于积累优先股。

（3）可调换优先股，是指股东在一定时期内，可以以一定的比例将优先股换成该公司的普通股，否则属于不可调换的优先股。在公司经营状况好而且普通股股价较高时，投资者愿意将优先股调换成普通股。

（4）积累可调换优先股，是一种兼具积累优先股和可调换优先股性质的优先股。

（5）股息率可调整优先股，是指股息率不固定，随着其他证券或利率变化而调整的优先股。

（6）参与分红优先股，是指股东除收取固定的股息以外，还可与普通股一起分享红利的股票。

（二）记名股票和无记名股票

（1）记名股票，是指在股票上载有股东的姓名，并将该股股东的姓名和地址记载在公司股东名册上的一种可以挂失的股票。记名股票必须经卖方背书和盖章才可转让。

（2）无记名股票，是指在股票上不载有股东的姓名并不能挂失的股票。无记名股票可以在证券市场上随意转让，不需办理过户手续。

（三）面额股票和无面额股票

（1）面额股票，是指在股票上标明一定金额的股票。股票面额能使股东了解每一股所代表股权的比例，以确定对公司所有权的大小。

（2）无面额股票，是指股票上不标金额，只标有总股数的股票。无面额股票可以促进投资者在购买股票时，注意计算股票的实际价值，而不至于被面额所迷惑，而且其发行价格也不受限制。

四、股票的价值与投资收益

（一）股票的价值

股票是指持有人拥有票面上所载明的各项权益的法律凭证。从本质上说，股票自身没有价值。然而，股票代表着获取收益的权利，能够给持有人带来股息和收入红利。

股票的价值在不同的场合有不同的含义。股票的票面价值，是指股票票面上标明的金额，股票的发行价格与票面价值有关。股票的账面价值，是指每股股票所代表的实际资产价值，它是一个会计上的概念。股票的清算价值，是指在股份有限公司进行清算时，每份股票所代表的实际价值。股票的内在价值，是指通过对股份公司的财务状况、盈利前景及影响公司增长的其他因素进行分析所评估出来的价值。股票价格以股票的价值为基础，是股票价值的集中表现，股票价格随股票价值的变化而发生波动。

（二）股票投资收益

股票投资收益是指投资者购买股票所获取的利润。股票投资收益主要来源于股息、红利和股票溢价，收益的大小一般用收益率来表示。

1. 股息、红利和股票溢价

股息是优先股股东定期得到的固定收益。红利是普通股股东获取的投资收益。股票溢价是指股东以高于买进股票的价格卖出股票所赚取的买卖差价。

2. 股票投资的收益率

股票投资收益率是指购买股票所得的收入占购买股票所用金额的比例。股票投资收益率有两种计算方法，即本期股票收益率和持有期股票收益率。

（1）本期股票收益率。本期股票收益率就是本期（年）股利占本期股票价格的比例，其计算公式为：

$$本期股票收益率 = \frac{本期股利}{本期股票价格} \times 100\% \tag{4-44}$$

例如：某公司 2016 年 1 月 1 日发行股票，股票的购买者以 50 元一股购入，2017 年 1 月 1 日购买者每股分得红利 10 元，本期股票收益率为：

$$\frac{10}{50} \times 100\% = 20\%$$

（2）持有期股票收益率。持有期股票收益率是指投资者从购买股票开始到卖出股票时止的收益率。其计算公式为：

$$持有期股票收益率 = \frac{出售价格 - 购入价格 + 现金股利}{购买价格额} \times 100\% \tag{4-45}$$

例如，某人购买了 100 元股票，一年后以 104 元卖出，一年所得红利为 8 元，其持有期收益率为：

$$\frac{104-100+8}{100}\times100\%=12\%$$

五、股票的交易方式

（一）现货交易

股票的现货交易亦称现金交易，属于一手交钱、一手交货的实物交易，是指买方付出价款，卖方交付股票，当股票的买卖双方达成交易以后，在短期内完成交割的一种买卖方式。现货交易的交割时间一般为成交当天，但也可以是当地股票交易市场的习惯日，如美国纽约股票交易所现货交易的交割时间为成交后的第五个营业日，东京股票交易所是成交后的第四个营业日。

（二）期货交易

股票的期货交易是指股票的买卖双方成交以后，交割和清算可以按契约所规定的价格在未来一段时间进行，即股票期货交易的双方在签订交易合同之后，买方不用立即付款，卖方不需要即时交出股票，而是在双方约定的未来某一时间进行。期货交易可以使买方在手中资金不足时购买股票，卖方可以在没有股票的情况下出售股票；买卖双方可以利用这一机会，按照预期的价格变动买卖远期股票，以从中谋取买卖差价。在实际操作中，股票的买卖双方都以相反的合同进行冲抵，只清算买卖差价。买入期货合同，意图在交割前股价上涨，这种行为一般被称为多头；卖出期货合同，意图在交割前实现股价下跌，这种行为被称为空头。

（三）保证金交易

股票的保证金交易又称信用交易或垫头交易，是指客户买卖股票时，向经纪人支付一定数量的现款或股票及保证金，其差额由经纪人或银行贷款进行交易的一种方式。如经纪人为交易者垫付的是部分款项，称为融资；如果经纪人借给交易者的股票，叫作融券。保证金交易是交易者从事证券投资活动的一种手段，从事该种交易的交易者想利用股票价格在短期内的变动谋取暴利，即投资者在预测某种股票价格即将上涨时，以保证金的形式购买股票，以待股价上涨后再卖出。保证金交易属于多头或买空交易，它要求交易者必须有足够的信誉和实力，凭此开设保证金账户。

（四）期权交易

股票期权是在股票基础上衍生而来的交易工具。股票的期权交易实际上是一种股票权利的买卖，即某种股票期权的购买者和出售者可以在规定期限内的任何时候，不管股票市场价格的升降程度如何，股票的出售者和购买者都可以期权合同规定的价格购买和出售一定数量的某种股票。期权合同一般随着有效期的结束而失效。期权一般有两种：一种是看涨期权，即投资者按协议价格购买一定数量的某种股票的权利；另一种是看跌期权，即投资者可以协议价格卖出一定数量的某种股票的权利。在股价看涨时，投资者愿意购买看涨期权；在股价趋跌时，投资者往往愿意购买看跌期权。在期权购买者认为行使期权对自己不利时，可以放弃期权，但期权的购买费不予退还。

（五）股票指数期货交易

股票指数即股票价格指数，是反映股票价格变动趋势的一项指标。它是随股票交易的日趋发展而出现的。股票指数期货是一种以股票指数作为买卖基础的期货。股票价格指数期货交易是投资者以股票价格指数为依据进行的期货交易。这是买卖双方根据事先约定好的价格同意在某一特定时间进行股票指数交易的一种协定。在股票指数期货交易中，买进和卖出均为股票期货合同。股票指数期货通常是在期货市场进行买卖，交割时采用现金，而不是股票。从理论上说，股票指数期货的基础是该指数代表的一个股票投资组合，而买卖股票指数期货就是买卖这个投资组合的市场价值。但是，股票指数期货交易并不以股票进行交割，这与传统的商品期货合约不同，传统的商品期货合约到期必须以该指定规格的物品完成交割手续。由于股票指数是一种非常特殊的商品，它没有具体的实物形式，买卖双方在设定股票指数期货合约时实际上是把股票指数点数换算成货币的形式，因此，股票指数期货的交割是采用现金的方式进行的。在股票交易中，投资者的风险很大，尤其是对股票发行者的经营状况和股市的急剧变化难以预测和把握；而股票指数期货交易可以为投资者减少一定风险。投资者在了解国民经济发展现状、金融市场利率及主要行业的发展趋势后，就可以买进或卖出期货合同，预测股票指数的走势，因为股票指数的变动代表了股票价格总水平的变动。

第四节 国际债券投资

一、债券的概念及特征

（一）债券的概念

债券是一种按照法定程序发行并在规定的期限内还本付息的有价证券。债券是由国家、地方政府、金融机构和企事业单位为筹集资金而发行的一种借款凭证。债券对发行者来说是一种筹资手段，即发行者对持有者所欠的债务；债券对购买者来说却是一种投资工具，即购买者对发行者所享有的债权。

（二）债券的特征

债券是一种虚拟资本，作为有价证券，既具备有价证券的共同点，也有其自身的特征。

（1）收益性。债券投资者的收益有两个方面：一是固定的债息；二是低买高卖的买卖差价。债券的利率通常介于存款和贷款利率之间。

（2）收益的有限性。由于债券的利息是固定的，其持有者的收益与企业的业绩无关，而是凭借在二级市场上博取买卖差价，这使投资者的收益有限。

（3）安全性。债券的风险要小于股票，其安全性略低于银行存款。主要体现在三个方面：一是发债者是各国的中央政府、地方政府等，发债者具有较高的信誉度和偿债能力；二是债券的面额、利息率和支付利息方式都是事先确定好的，并载于票面上，不受市场利率变动的影响；三是由于债券是债务的凭证，即使企业亏损、倒闭，债券投资者也可先于股东获得赔偿。

（4）流动性。债券是具有高流动性，其变现能力仅次于银行存款。在二级市场较为发达的情况下，债券持有者若临时需要资金，可随时在市场上出售债券。总之，由于债券具有收益性、安全性、流动性等特点，所以它是稳健投资者的最佳选择。

二、债券的种类

债券因发行主体、期限、利率以及筹资用途的不同，可以划分为不同种类。目前债券的主要分类有以下七种：

（一）按发行主体分类

债券分为政府债券、金融债券、公司债券三种类别。

1. 政府债券

政府债券的发行主体是政府。政府债券又可以进一步划分为中央政府债券、地方政府债券和政府机构债券。中央政府债券在我国又被称为国债，国债利息收入在我国免税。

（1）国债。国债按债券形态可分为实物国债、凭证式国债和记账式国债，这是对我国国债的特定分类方法。实物国债（无记名国债）是一种具有标准格式的纸质印刷债券，在票面上印有面值、票面利率、到期期限、发行人全称、还本付息方式等内容，此类债券不记名、不挂失，可上市流通，发行人定期见票支付利息或本金。目前实物国债已经暂停发行。凭证式国债没有统一格式，是由发行机构向投资者出具收款凭证的国债。例如，某投资者从中国工商银行柜台认购财政部发行的 7 年期凭证式国债，取得"凭证式国债收款凭证"。凭证式国债可提前兑付，但不能上市流通，从购买之日起计息。这类债券是一种储蓄债券，发行对象主要是个人投资者，其票面利率非常接近于同期限银行定期存款利率。记账式国债是在凭证式国债的基础上进一步取消收款凭证，交易更为灵活的国债。发行或交易机构在投资者的账户中记录债权，如招商银行在投资者的一卡通储蓄卡、中国工商银行在投资者的灵通卡（储蓄卡）、中国建设银行在投资者的龙卡（证券卡）中做相应的记录。记账式国债通过无纸化方式发行和交易，记名，可挂失，投资者可以在购买后随时买入或卖出，其变现更为灵活；但交易价格由市场决定，投资者可能会遇到价格损失。

（2）地方政府债券。地方政府债券的发行主体是地方政府及地方政府所属机构。地方政府债券可分为一般责任债券和收益债券。责任债券是由地方政府及其管理部门，以发行者的信用和政府的征税能力作为保证。收益债券的发行目的是给地方政府所属企业或某个特定项目融资，债券发行者只能以经营该项目本身的收益来偿还债务，而不能以地方政府的征税能力作为保证。

2. 金融债券

金融债券是指银行及其分支机构或非银行金融机构依照法定程序发行并约定在一定期限内还本付息的有价证券。金融债券的利息在我国免税。

3. 公司债券

公司债券是指依照法定程序发行的，公司在约定期限内还本付息的有价证券。公司债券由于具有较大风险，其收益率通常也高于政府债券和金融债券。一般而言，公司债券的利息收入和资本利得要缴纳个人所得税。

（二）按发行地域分类

按发行地域分类，债券可分为国内债券和国际债券。国内债券是由本国政府、银行、企业等机构在国内发行并以本国货币计价的债券。国际债券是一国政府、金融机构、工商企业或国际组织为筹措和融通资金，在国外金融市场上发行的，以外国货币为计价货币的债券。一般来说，国际债券主要包括两类：一是外国债券，二是欧洲债券。

1. 外国债券

外国债券是借款国在外国证券市场上发行的以市场所在国货币为面值的债券。外国债券通常以发行所在国具有象征意义的事物为名称，比如在英国发行的外国债券称为猛犬债券，在日本发行的外国债券称为武士债券，在美国发行的外国债券称为扬基债券，在中国发行的外国债券称为熊猫债券。外国债券的发行一般均由市场所在国的金融机构承保，因此其实际上是一种传统的国际债券。

2. 欧洲债券

欧洲债券是指借款人在本国境外市场发行的，不以发行市场所在国的货币为计价货币的国际债券，即以某一种或某几种货币为面额，由国际辛迪加承销，同时在面额货币以外的若干个国家发行的债券。按习惯，面值为美元的欧洲债券一般被称为欧洲美元债券，面值为日元的欧洲债券被称为欧洲日元债券，面值为德国马克的债券叫作欧洲德国马克债券等。欧洲债券最早于 1961 年 2 月 1 日在卢森堡发行，卢森堡和伦敦是目前欧洲债券市场的中心。欧洲债券既有期限为 1~2 年的短期债券，也有 5~10 年的中长期债券，还有无偿还期的永久性债券。欧洲债券往往采取无担保的不记名形式发行，投资欧洲债券的收益免缴收入所得税。除瑞士法郎市场以外，欧洲债券不受各国法规的约束，可以自由流通。欧洲债券具有发行成本低、发行自由、投资安全、市场容量大等特点。

（三）按债券生命周期长短分类

短期债券是指政府或企业为获得短期融资而发行的还本期限在 1 年以下的债券。中期债券是指发行人为获得较长时期的融资需要而发行的债券。关于中期债券时间的划分标准，各国并不相同。我国规定期限在 1 年以上 5 年以下的债券为中期债券；美国则习惯把 1 年以上 10 年以下的债券叫作中期债券。长期债券是指发行人为获得长期的融资需要而发行的债券。长期债券期限的划分标准在我国一般为 5 年以上；美国则习惯把 10 年以上 30 年以下的债券叫作长期债券。

（四）按是否有抵押或担保分类

按是否有抵押或担保分类，债券可分为抵押债券、无抵押债券、收入债券、普通债务债券。抵押债券是债券的发行者以其不动产和动产作为抵押而发行的债券，在发债人不能按期还本付息的情况下，债券持有人对抵押财产有留置权，即拥有出售抵押财产来获得其未清偿债务的权利。无抵押债券（即信用债券）是指全凭发行者的信用而发行的债券，它不需要特定的财产作为发债抵押，政府债券一般是信用债券，信用好的大企业发行的企业债券很多也是信用债券。收入债券是地方政府以某些项目的收入为担保而发行的债券。普通债务债券是国家政府以其信誉及税收等为担保而发行的债券。

（五）按是否记名分类

按是否记名分类，债券可分为记名债券和无记名债券。记名债券是指在债券上标有投资者姓名，转让时需办理过户手续的债券。无记名债券是指在债券上没有投资者的印鉴，转让时无须办理过户手续，即不记载债权人姓名，债券持有人仅凭债券本身就可取得债券权利的债券，这类债券的流动性好，但安全性差一些。记名债券安全性好，但流动性差。

（六）按利息支付方式分类

按利息支付方式分类，债券可分为付息债券、贴现债券。付息债券是指按照发债时规定的利率标准每年支付利息的债券。付息债券的券面上附有息票，债券持有人定期到指定的地点凭息票取息。贴现债券又称为零息债券，是指按照低于面值的价格发行，到期后按照债券面值偿还本息的债券。

（七）按募集方式分类

按募集方式分类，债券可分为公募债券和私募债券。公募债券相对于私募债券而言，是经过法定程序批准之后在市场公开发行的债券，即公司向社会公开发行的债券。这种债券的认购者可以是社会上的任何人。公募债券的发行者一般有较高的信誉，而发行公募债券又有助于提高发行者的信用度；除政府机构、地方公共团体外，一般私营企业必须符合规定的条件才能发行公募债券。由于公募债券的发行对象是不特定的广泛分散的投资者，因而要求发行者必须遵守信息公开制度，向投资者提供各种财务报表和资料，并向证券主管部门提交有价证券申报书，以保护投资者的利益。

私募债券是指向少数特定人募集的债券。私募债券的发行申报制度采用的是备案制，发行者只要做登记和备案即可，交易所会对备案材料进行完备性核对。私募债券发行后，发行者应在中国证券登记结算有限责任公司办理登记。

三、国际债券的发行

（一）国际债券市场对发行者的要求

国际债券市场一般有严格的管理制度。管理较严的国家一般对发行者有如下要求：①必须经过正式申请和登记，并由专门的评审机构对发行者进行审查；②发行者必须公布其财政收支状况和资产负债情况；③在发行期间，每年应向投资人报告资产负债及盈亏情况；④债券发行获得批准后，必须根据市场容量，统一安排发行的先后次序；⑤债券的发行与销售一般只许证券公司或投资银行经营，一般银行只能办理登记及还本、付息、转让等业务；⑥一般须由发行者国家政府或中央银行进行担保，且必须是无条件的和不可撤销的。

（二）国际债券的发行程序

国际债券的发行分公募发行和私募发行。公募发行是通过中介机构的承包包销，公开向社会募集资金；私募发行则是在中介机构的协助下，向有限的特定投资者募集资金。公募发行的程序可分为以下五个步骤：

（1）发行企业选任一家金融公司作为此债券发行的组织者，即主干事银行或主干事证券公司。双方就此债券的形式、发行市场、发行数量、币种、利率、价格、期限以及发行的报酬和费用等进行磋商。

（2）向当地外汇管理部门提出发行债券申请，经该部门审查并提出意见后，报经该国政府有关管理部门批准。

（3）向国外有关资信评审机构申请评级。申请评级以前，需先向国内的审查管理机构提出书面申请，并提供评级机构名称和用于评级的资料等。发行者应在得到评级结果的三日内向审批管理部门报告评级结果。

（4）向拟发行证券的市场所在国政府提出申请，征得市场所在国政府的许可。

（5）发行者在得到发行许可后，委托主干事银行组织承销团，由其负责债券的发行与包销。

四、国际债券清算系统与清算程序

（一）国际债券清算系统

国际有两大债券清算系统，即欧洲清算系统和塞德尔国际清算系统。欧洲清算系统总部在布鲁塞尔，主要从事债券的清算、保管、出租、借用等业务，并提供清算场所。塞德尔国际清算系统总部设在卢森堡，它与欧洲很多国家的银行建立了清算代理关系，其业务范围与欧洲清算系统大致相同。

（二）国际债券清算程序

国际债券的清算大致经过以下五个程序：

（1）开立债券清算账户和货币清算账户。申请加入清算系统的银行或证券公司必须开立债券清算账户和货币清算账户。债券清算账户是用于债券面额的转账，而货币清算账户是用于买卖债券时，按市场价格和生息后计算出的总额转账。因为国际债券交易既转移所有权，还要按市场价格计算出的等值货币支付。

（2）发送债券清算指示。债券买卖成交以后，买卖双方分别向其清算机构发送清算指示。清算指示主要包括清算机构名称、买入或卖出债券的种类、买入或卖出对象、成交日期、结算日期、债券的面额和币种、成交价格、生息与否、货币总额、结算路线、清算指示的发送者名称和发送日期等。

（3）核对清算机构发回的有关交易细节的报告，以便及时纠正。

（4）在结算日进行内部账务处理。

（5）核对清算机构的对账单，如有不符，可立即向对方和清算机构查询；如无异议，制作对账平衡表。

五、国际债券投资收益

债券投资收益是指投资者在一定的时期所获取的利润。债券投资收益通常是用收益率来表示的，而收益率指的是债券投资的收益占最初投资额的比例。

（一）名义收益率

名义收益率是根据债券每年的固定利息与债券面额之比，计算出来的投资者每年的收益率，其计算公式为：

$$名义收益率 = \frac{债券年利息}{债券面额} \times 100\% \qquad (4-46)$$

（二）本期收益率

本期收益率是债券每年的固定利息与债券本期市场价格之比。投资者可以通过对市场上各证券本期收益率的计算和比较，来做出投资的决定。本期收益率的计算公式为：

$$本期收益率 = \frac{债券年利息}{本期市场价格} \times 100\% \qquad (4-47)$$

例如，一张面额为 100 元、利率为 15%、期限为 5 年的债券，该债券发行时最初的认购者在购买后的第 3 年初以 90 元卖出，那么，该债券新的购买者的本期收益率为：

$$\frac{15}{90} \times 100\% \approx 16.67\%$$

（三）持有期收益率

债券的持有期收益率（Holding Period Yield，HPY）是指投资者从买入债券到卖出债券期间获得的总的收益率，所以持有期收益率不是年化的收益率。其计算公式为：

$$HPY = \frac{P_1 - P_0 + CF_1}{P_0} \times 100\% \qquad (4-48)$$

式中，P_0 表示投资品的买入价；

P_1 表示投资品的卖出价；

CF_1 表示持有期间的利息支付。

例如，某投资者在证券市场按 1000 元的价格购买了年利息收入为 80 元的债券，到期期限为 10 年，持有 1 年后以 1060 元的价格卖出，其持有期的收益率为：

$$HPY = \frac{1060-1000+80}{1000} \times 100\%$$

$$= 14\%$$

（四）到期收益率

债券的到期收益率是指投资者从买入债券到债券到期时止的收益率，其计算公式为：

$$到期收益率 = \frac{债券到期后的本金和利息总额-买入价}{买入价×待偿还的期限} \times 100\% \qquad (4-49)$$

例如，某人以 120 元购买了一张面值为 100 元、利率为 15%、期限为 5 年的债券，由于该投资者买入这张债券时，该债券已发行了 3 年，那么该投资者待 2 年后债券到期时的收益率为：

$$\frac{100+(15×5)-120}{120×2} \times 100\% \approx 22.92\%$$

第五节　国际投资基金

一、投资基金的概念

投资基金（Investment Fund）简称基金，是一种利益共享、风险共担的集合投资方式。它通过发行基金单位，集中投资者的资金，由基金托管人托管、管理和运用资金，从事股票、债券、外汇、货币等金融工具的投资，以获得投资收益和资本增值。基金的投资者不参与基金的管理和操作，基金管理人根据投资者的委托进行投资运作，收取管理费。与金融市场上的其他投资工具相比，投资基金具有专业化管理、分散投资风险、品种多、不断创新和流动性强等特点。

二、投资基金的种类

投资基金种类多样，依照分类标准的不同，可分为不同的类型。

（一）公司型投资基金和契约型投资基金

投资基金可分为公司型投资基金和契约型投资基金。公司型投资基金是依据公司法设立的以发行股份的方式募集资金而组成的公司形态的基金。契约型投资基金又称为信托投资基金，是指依据信托契约，通过发行受益凭证而组建的投资基金。其中，基金管理公司是基金的发起人，基金保管公司一般由银行担任。这三方之间的关系是：受托人依照契约运用信托财产进行投资，托管人根据契约负责保管信托财产，投资者享有契约中规定的收益。

（二）开放型投资基金和封闭型投资基金

投资基金根据基金单位是否可增加或赎回，可分为开放型投资基金和封闭型投资基金。开放型投资基金是指发行的资本总额和份数不固定，可以根据需要及金融市场供求关系的变化，随时增发或购回新的基金份额，投资者也可以投资或赎回其份额的投资基金。封闭型投资基金是指在设立时限定基金发行的数量，并在规定的时间内不再追加发行、投资者也不能赎回现金的投资基金。开放型基金与封闭型基金的差异见表4-3。

表4-3　开放型基金与封闭型基金的差异

项目 ＼ 类别	开放型基金	封闭型基金
规模	不固定	固定
存续期限	不确定，理论上存在无限存续期	确定
交易方式	不上市，通过基金公司申购或赎回	上市流通
交易价格	按照每日基金单位资产净值计算	根据市场行情变化，相对于单位资产净值可能折价或溢价，多为折价
信息披露	每日公布基金单位资产净值，每季度公布资产投资组合	每周公布基金单位资产净值，每季度公布资产投资组合
投资策略	强调流动性管理，基金资产中要保持一定的现金及流动性资产	可以进行长期投资

（三）成长型投资基金、收入型投资基金和平衡型投资基金

根据投资风险与收益的不同，投资基金可分为成长型投资基金、收入型投资基金和平衡型投资基金。成长型投资基金是指把追求资本的长期成长作为其投资目的的投资基金，其投资对象主要是市场中有较大升值潜力的小公司股票，以及一些新兴但目前经营还比较困难的行业的股票。收入型投资基金是指以能为投资者带来高水平的当期收入为目的的投资基金，其投资对象主要是那些绩优股以及派息较高的债券、可转让大额定期存单等收入较高而且比较稳定的有价证券。平衡型投资基金是既追求长期资本增值，又追求当期收入的基金主要投资于债券、优先股和部分股票，其中25%~50%的资产投资于优先股和债券，其余资产投资

于普通股。

（四）股票基金、债券基金、货币市场基金、指数基金和衍生证券投资基金

根据投资对象的不同，投资基金可分为股票基金、债券基金、货币市场基金、指数基金，以及包括期货基金、期权基金和认股权证基金的衍生证券投资基金等。股票基金是以股票为投资对象的基金，是各国广泛采用的基金类型。债券基金是指以债券为投资对象的投资基金，这类基金的规模仅次于股票基金。货币市场基金是指以国库券、大额银行可转让存单、商业票据、企业债券等货币市场短期有价证券为投资对象的投资基金；货币市场基金都是开放型基金，绝大多数货币市场基金投资于高质量、低风险、期限在 90 天以内的金融工具。指数基金是以某种证券市场的价格指数为投资对象的投资基金。衍生证券投资基金是以金融衍生工具为投资对象的投资基金，包括期货基金、期权基金、认股权证基金。

（五）公募基金和私募基金

根据募集方式的不同，投资基金可以分为公募基金和私募基金。公募基金是指可以面向社会大众公开发行的基金；私募基金是只能采取非公开方式向特定投资者发行的基金。

（六）在岸基金和离岸基金

根据基金的资金来源和用途的不同，投资基金可分为在岸基金和离岸基金。在岸基金是指在本国募集资金并投资于本国证券市场的投资基金；离岸基金是指一国的证券基金组织在他国发行证券基金份额，并将募集的资金投资于本国或第三国证券市场的证券投资基金。

三、投资基金的价值、价格、收益与运作

（一）投资基金的价值

各类投资基金在发行基金份额时，将基金总额分成等额的若干整数份，每一份即为一基金单位，代表着发行时每份基金，即每一基金单位的价值。在基金的运作过程中，基金单位价值也会发生变化。为了正确反映基金单位价值，必须在某个时点上对基金资产价值进行估算。基金单位净值是评估基金价值的主要依据。

基金单位净值的计算需要先计算基金资产总额和基金资产净值总额。

基金资产总额是根据基金所持证券估算日的收盘价分别计算其市值并汇总，再加上基金的库存现金及应计利息收入得出的，计算公式为：

$$基金资产总额 = 所持证券市值总额 + 现金 + 应计利息收入 \qquad (4-50)$$

基金资产净值总额的计算公式：

基金资产净值总额＝基金资产总额－基金负债总额 　　　　　　　（4-51）

其中，基金负债总额是指基金运作及融资时所形成的负债，包括应付给他人的各项费用、应付资金利息等。在计算出基金资产净值总额后，可以进行基金单位净值的计算。

基金单位净值是基金资产净值总额除以基金发行的总份数得出的，计算公式是：

基金单位净值＝基金资产净值总额/基金发行的总份数 　　　　　　（4-52）

例如，假定某基金持有的某三种股票的数量分别为 10 万股、50 万股和 100 万股，每股的市价分别为 30 元、20 元和 10 元，银行存款为 1000 万元。该基金负债有两项：对托管人或管理人应付未付的报酬为 500 万元、应付税金为 500 万元。已售出的基金单位为 2000 万份。试计算基金单位净值。根据上述计算方法，可计算出基金单位净值为：

（10×30+50×20+100×10+1000-500-500）/2000＝1.15（元）

（二）投资基金的价格

1. 开放型基金的价格

投资者在购入或赎回基金份额时，一般涉及申购价格和赎回价格两种价格。从基金管理公司的角度，申购价格和赎回价格分别称为买入价格和卖出价格。

在基金募集期内、投资者购买基金份额的行为称为认购。在基金成立之后，基金投资者根据基金合同和招募说明书及基金销售网点规定的手续，向基金管理人购买基金份额的行为称为申购。

认购价格、申购价格、赎回价格分别按以下公式计算：

认购价格＝基金单位面值+认购费用

申购价格＝基金单位净值×（1+申购费率）

赎回价格＝基金单位净值×（1-赎回费率） 　　　　　　　　　　　（4-53）

在基金招募说明书中，一般会对基金价格的计算、申购费率、赎回费率做出详细说明。

例如，一个投资者投资 200 万元，用来申购开放型基金，假定申购费率为 1.5%，基金单位净值为 2 元，则申购价格为 2×（1+1.5%）＝2.03 （元）。

假如投资者赎回 100 万份基金单位，假定赎回费率是 1%，基金单位净值是 1.5 元，则赎回价格＝1.5×（1-1%）＝1.485 （元）。

2. 封闭型基金的价格

封闭型基金的发行总额是固定的，没有存续期，到期清盘。封闭型基金的价值来自存续期的每期现金股利及到期清算的基金单位净值。假定基金收益每期100%进行分红，每期股利固定（以几年平均值来代替），则封闭型基金的理论价格可以表示为：

$$P = \frac{D}{1+R} + \frac{D}{(1+R)^2} + \cdots + \frac{D}{(1+R)^n} + \frac{A}{(1+R)^n}$$

$$= \frac{D/R \times [(1+R)^n - 1] + A}{(1+R)^n} \qquad\qquad (4-54)$$

式中，P 表示封闭型基金的理论价格；D 表示每期现金股利；A 表示期末基金单位净值；R 表示投资收益率；n 表示存续期限。

例如，某封闭型基金的基金单位净值为 2.8 元，每年平均支付现金 0.5 元，封闭期还有 5 年，5 年期国债的到期收益率为 4%，风险溢价为 2%。则该封闭型基金的理论价格为：

$$P = \frac{D/R \times [(1+R)^n - 1] + A}{(1+R)^n}$$

$$= \frac{0.5/(0.04+0.02) \times [(1+0.04+0.02)^5 - 1] + 2.8}{(1+0.04+0.02)^5}$$

$$= 4.2(元)$$

即，如果投资者以 4.2 元的价格购买该基金，那么在余下的 5 年间，每年可以获得6%的收益。

封闭型基金的理论价格是该类基金的内在价值的表现。由于封闭型基金在集中交易场所进行交易。因此，受基金供求状况、证券市场状况、宏观经济因素及基金本身收益状况的影响，其价格经常出现波动，甚至背离其价值。

（三）投资基金的收益

投资基金的收益主要来自两方面：基金红利和价差收益。基金的投资收益扣除费用开支后，得到的就是基金净收益。基金净收益的大部分应当以现金的形式分配给基金份额的持有者。因此，基金红利是投资者获取收益的重要来源。价差收益是指基金的申购价格与赎回价格之间的差额。由于基金的净资产随着基金的运作而发生变化，所以若投资者在低价位买入基金股份，在高价位赎回，那么他就可以获得价差收益。

（四）投资基金的运作

1. 投资基金的设立制度

世界各国对基金的发起和设立有一定的资格要求和限制。概括来说，基金的设立制度有审批制、核准制和注册制。

在审批制下，基金的设立需要经过基金主管部门批准之后才能生效。审批制采取的是实质管理原则。在核准制下，由监管部门人员和所聘请的独立的外部专业人士所组成的发行审核委员会以投票方式对基金设立申请进行表决。核准制除了采取实质管理原则，还引入了独立专业人士的判断。日本、英国和中国台湾都采取核准制。在注册制下，基金的设立只需符合投资基金法规的相关规定即可生效，无须经过基金主管部门审批。部分发达国家和地区，如美国和中国香港一般采用注册制。

2. 投资基金的运作流程

首先，基金公司的发起人根据相关法律规定，依照相应的程序申请成立基金，从投资者处汇集资金。基金公司的发起人一般是从事证券经营、证券投资咨询、信托资产管理或者其他金融资产管理的机构。其次，委托专家理财，即基金委托基金管理人进行投资运作。在这个阶段，投资者，基金管理人、基金托管人通过基金契约的方式建立托管协议，确立投资者、基金管理人、基金托管人三者之间的信托关系，基金管理人与基金托管人通过托管协议确立双方的责权。最后，分配投资收益，即基金管理人将专业理财后获得的投资收益分发给投资者。

复习思考题

1. 证券投资的特征是什么？
2. 证券投资组合理论？
3. 国际债券清算程序是什么？
4. 国际股票的种类及投资基金的特点有哪些？

第五章　跨国公司人力资源管理

学习要点

本章重点学习跨国公司人力资源管理的含义及特点，主要介绍了跨国公司的人才选拔机制、跨国公司人力资源培训以及薪酬管理的具体做法；能够运用所学知识分析现实中遇到的实际问题。

第一节　跨国公司人力资源管理概述

一、跨国公司人力资源管理的概念

跨国公司人力资源管理与国内企业人力资源管理的本质没有区别，主要工作内容是人才的招聘、选拔、培训开发、评估与激励等。国外学者阿德勒（Adler）和加达尔（Ghadar）认为，跨国公司人力资源管理实践是一种机制构建与运行，重点是帮助企业科学处理内部与外部的控制权，以及实现跨文化整合问题。舒勒尔（Schuler）和道林（Dowling）认为，战略性国际人力资源管理实际上就是在充分考虑企业多国战略活动及企业国际经验目标后，有关企业人力资源管理职能、政策、实践等相关问题的有效管理。伊万切维奇（Ivancevich）通过相关研究提出跨国公司人力资源管理是企业国际化战略发展过程中组织人员管理的原则、目标和实践。

从跨国公司经营实践方面考察，国际人力资源管理应从以下四个视角进行剖析：一是制度比较视角，从比较管理学角度对国际人力资源管理进行研究，考察不同国家法律法规、经济制度对人力资源管理的制约与影响；二是跨文化管理视角，以文化和价值观为出发点，重点关注文化传统与价值理念的差异所引起的行为价值特征；三是跨国经营视角，着眼于跨国公司跨国经营，以及由此产生的人力资源管理职能特征；四是问题导向的新视角，对国际人力资源管理中存在的问题直接进行分析、研究，强调企业经营活动中的现实需求。从本质上看，跨国公司人力资源管理是指跨国公司对海外工作人员招聘、人才储备开发、人才培训提升、管理业绩评估及管理激励等过程的管理。

二、跨国公司人力资源管理的特征

1. 跨国公司人力资源管理的跨文化性

在跨国公司中，了解跨国公司母公司及其子公司之间的文化差异，是做好跨国公司人力资源管理工作的必要条件。跨国公司的人员构成来自多个国家，因此跨国公司工作人员在文化背景、宗教信仰、行为习惯及价格观念等方面存在较大差异；而文化和价值观的差异性将会带来跨国管理过程中的制度、文化冲突和矛盾。因此，在跨国公司人力资源管理中，从管理者视角，应更注重跨国公司员工的文化多样性与包容性。

2. 跨国公司管理人员选聘途径的多样性

跨国公司人员选聘一般非常注重公司人力资源的国际性。主要的招聘途径有三种：一是本国选派；二是从东道国招聘；三是从第三国招聘职业经理人。本国选派的方式比较普遍，是从母公司派遣具有管理能力和技术经验的成熟员工派驻海外从事相关工作。从东道国招聘管理人员也是跨国公司的常规操作，本地招聘的管理人员对东道国的文化、民俗及宗教信仰等方面更为熟悉，对于跨国公司本地化的业务拓展具有一定便利性。从第三国选聘国际职业经理人也是跨国公司的常规性做法。例如，德国汉莎集团在北京的凯宾斯基国际饭店聘用的是奥地利籍经理。通过全球化的职业经理人选聘可以拓宽人员选聘渠道，为了保证人才选聘决策准确性，选聘前必须对跨国公司管理人员选拔的各种途径的利弊拥有充分的认识，充分权衡利弊，才能对跨国公司管理人员的选择做出正确的决策。

3. 跨国公司人力资源管理模式的差异性

跨国公司人力资源管理模式具有一定的差异性。因此，在跨国公司开展人力资源管理过程中，需要高度重视选聘人员的文化背景和风俗习惯。相比较而言，美国人力资源管理模式具有典型的市场化特征，员工的工作内容、工作强度与工资水平可以通过受聘双方谈判协商。而具有日本国籍的员工，对于职业的忠诚度更高，频繁跳槽将被误认为工作能力不强；奥地利籍和巴西籍工作人员，工作满1年即具有带薪休假30天的工作福利；而墨西哥国籍的工作人员，应享受全年365天的薪酬管理制度。人力资源的差异性导致跨国公司工作人员在招聘、薪资、评估方法等方面存在一定差异性。

第二节　跨国公司人力资源管理基础理论与模式

人才是跨国公司创新发展的第一动力。部分跨国公司对跨国经营管理的复杂性重视程度不高。国外学者通过大量案例研究证明，跨国公司经营失败的主要原因，是对国际人力资源管理的不够重视和对在国际环境中人力资源管理的本质认识不足而导致的。跨国公司的人力资源管理必须在理论上认清其本质特征，在实践中只有包容不同国家与地区、不同文化背景和法律制度的差异性，才能有效发挥跨国公司人力资源管理的重要作用。

一、跨国公司人力资源管理的基础理论

（一）四模式理论

1969 年，费雪（Fisher）、波尔马特（Perlmutter）等学者提出了跨国公司人力资源管理四模式理论。研究成果将跨国公司人力资源管理划分为四种类型，即母国中心主义、多中心主义、地区中心主义和全球中心主义。该理论认为，随着国际化程度的不断加深，跨国公司人力资源管理一般都经历了从母国中心主义到全球中心主义的转型。

在跨国公司国际化的早期，往往采取"母国中心型"人力资源管理，子公司的管理人员由母公司选派本国员工担任，跨国公司的母公司对子公司员工严格控制。进入国际化的初期及中期，跨国公司大多采取多中心主义，即采取"地理中心型"管理，承认母国与东道国的差异，母公司、子公司相对独立，由母国控制公司总部，子公司拥有较大的自主权，可以根据当地特定环境采取合适的人力资源政策。

随着国际化程度的进一步深入，跨国公司大多采取地区中心主义，即采取"多元中心型"管理，在具有相同文化背景的区域范围内招聘最合适的管理人员。跨国公司海外子公司按地域进行分类，子公司的管理人员由本地区任何国家的员工担任。当跨国公司完全进入全球化时代以后，则采取全球中心主义，即采取"全球中心型"管理，跨国公司人力资源管理不仅考虑国别因素，更重视全球整合，母公司与子公司的管理人员由职业经理人担任，公司总部与各子公司构成一个全球性的职业人才网络。

（二）三维度模型理论

1986 年，美国学者 P. 摩根（P. Morgan）提出了国际人力资源管理三维度模型，通过三个视角系统阐释国际人力资源管理的主要内容。首先是国际人力资源管理活动的主要内容，包括三个方面 6 项具体内容。3 个方面即国际人力资源的获取、分配和利用。6 项具体内容主要围绕三个方面展开，即国际人力资源规划、国际人力资源招募、国际人力资源绩效管理、国际人力资源的培训与开发、国际人力资源的薪酬计划及国际人力资源的劳资关系 6 项具体内容。其次是"三维度"模型系统分析了国际人力资源的来源渠道，即国际人力资源的国家背景，主要包括 3 个方面，即母国人力资源、东道国人力资源和第三国人力资源。最后是"三维度"模型梳理了国际人力资源员工类型，主要包括三个方面，即母国员工、东道国员工和第三国员工，该模型的第三国员工泛指除母国和东道国以外的所有员工。跨国公司是处在人力资源管理活动、跨国经营企业所在国家类型与员工类型这三个维度之间的互动关系。

二、跨国公司人力资源管理模式

人力资源管理是指公司为了实现其战略目标而进行选择、录用人才的基本规范，其核心是优化企业各经营管理岗位需要匹配的具有专业素质和高潜力人才的配置。跨国公司的多元化国际经营环境使其人力资源管理变得异常复杂，不仅要满足企业全球战略的需要，与自身的国际业务形式相匹配，还要充分考虑东道国的经济制度、法律法规和商业习惯。跨国公司的人力资源选拔模式一般包括以下四种：

（一）母国化人力资源管理模式

母国化人力资源管理是指从母公司选派高级管理人员，派驻到海外分支机构担任重要岗位的管理工作。基于母公司的企业文化与管理模式，以母公司内部选聘高级管理人员派驻海外分支机构是有效贯彻母公司经营理念的首选模式，可以将母公司的企业文化和公司标准进行推广与贯彻。而对于辅助性岗位工作人员，可以通过本地化选聘模式。

母国化人力资源管理模式的优势在于：母公司对于海外子公司可以保持良好的沟通与控制，对于保守母公司的全球化发展战略、公司商业秘密、专利技术、企业经营模式等方面具有显著优势，可以进一步降低母公司经营风险。

母国化人力资源管理模式的不利因素母公司派驻子公司的高级管理人员，对东道国的法律法规、文化、宗教、风俗习惯等方面存在一定差异，在贯彻执行母公司发展理念及业绩考核等方面将产生矛盾与分歧，需要长时间磨合，时间成本较大。此外，母公司外派分支机构高级管理人员将增加企业的管理成本。

（二）本土化人力资源管理模式

本土化人力资源管理模式是指通过选拔、聘任等方式让当地本土人员担任跨国公司在东道国子公司的管理者，是一种积极开发和充分利用本土人力资源的做法。本土化人力资源管理模式的优势在于：东道国聘任高级管理人员，对母公司的海外业务拓展具有一定帮助作用。本土化选聘的高级管理人员对东道国的法律法规、商业模式、经营环境、风土人情等方面比较熟悉，可进一步避免因差异性文化背景导致的管理矛盾和摩擦，将有效提高管理效率，还可以有效降低管理成本。例如，根据联合利华公司官网，联合利华公司在我国的高管人员选任上，遵循本土化的人力资源管理模式，在中国直接雇用了超过 7000 名员工，90% 的管理团队成员来自本地招募和培训（数据来源于联合利华公司官网）。不利因素在于，东道国的管理人员对母公司的全球战略理念缺乏全面了解，不利于母公司对子公司的直接控制；东道国的高级管理人员的公司归属感不强，岗位变动频繁。

（三）区域化人力资源管理模式

母国化人力资源管理模式有利于跨国公司海外初期业务的顺利开展，但大量长期使用外派人员会阻碍子公司业务的进一步发展，也会导致经营成本的提升。本土化人力资源管理模式常常受限于东道国专业管理人才匮乏。随着跨国公司国际业务的进一步发展，为了规避上述弊端，跨国公司的人力资源管理模式也逐渐转向基于地区整合的区域化人力资源管理模式。

区域化人力资源管理模式是指跨国公司根据其业务在全球范围内的分布，将国际市场划分为若干个区域，以地区为单元对人力资源配置进行调整；区域内的各个子公司实施的人力资源政策大体上一致，而区域间及各个区域同母公司之间在人力资源管理上的关联性弱化。采取区域化人力资源管理模式，是因为跨国公司认识到各区域之间客观上存在的各种差异，采取积极措施主动适应各区域在经济、文化、法律等方面的不同。区域化人力资源管理模式在跨国公司并购中得到广泛应用。其优势在于并购企业管理人员沿用母公司原来的设置模式，中下级管理人员在一定区域内选聘，有效降低语言、文化、商业习惯等方面的障碍，便于更深入地进行沟通与交流。区域化人力资源管理模式的弊端在于，东道国的人员有被歧视的感觉；最重要的问题是，如果母国公司的经理和本区域的经理之间发生了矛盾，而在跨国公司当中人员交流比较缓慢，则会造成信息传递不畅，甚至扭曲失真。

（四）全球化人力资源管理模式

全球化人力资源管理模式是指跨国公司在全球范围内选拔、聘用最佳人选来担任公司的各级管理者，较少考虑甚至不考虑管理人员的国际问题，并在人力资源的其他方面，如聘任条件、绩效评价、薪酬福利等努力寻求国际标准，在全球范围内优化配置人力资源，进而实现跨国公司总体利益最大化。

全球化人力资源管理模式优势在于：国际职业经理人拥有良好的职业素质与国际化经营管理经验；对于东道国的内部矛盾处于理解包容的中立态度。不利因素在于，母公司对于海外分支机构的管理自主权具有一定影响；选聘第三国高级管理人员，会提高海外分支机构的管理成本。

第三节　跨国公司人力资源管理职能

跨国公司人力资源管理，主要包括国际人力资源规划、国际人才选聘、国际人力资源的培训与开发及国际人力资源薪酬管理等。

一、国际人力资源规划

跨国公司要根据发展战略需要，明确经营绩效目标，科学设置工作岗位，并落实各类岗位的职责，进而通过业务活动质量和数量要求来核定各岗位的任职者数量；在跨国公司人力资源需求分析的基础上，从人力资源的结构、数量和质量等方面做好人力资源规划。

（一）构建国际人力资源管理体系

人才是推动企业发展的第一生产力。跨国公司需要构建完善的国际人力资源管理体系，才能保障跨国公司在全球化发展战略过程中保持健康有序发展。构建国际人力资源管理体系主要分为以下三个方面：

第一，完善国际人才用人机制和管理流程。跨国公司需要建立国际化多元招聘渠道，注重应聘人员的岗位核心能力、综合素质与价值匹配，全方位考察应聘人员的专业技能、工作经验和国际背景。完善岗位绩效考核，注重跨国公司文化与海外分支机构的岗位技能培训。制定差异化、层次化的薪酬体系，形成正向激励机制。

第二，构建完善的国际人力资源战略规划。跨国公司应构建未来5~10年的国际人才储备计划，制定全面系统的国际人才储备目标，优化完善国际发展战略规划，通过培训不断提升国际员工的专业技能和职业素养，引导和激励员工为企业的国际化发展创造更大价值。

第三，强化国际人才管理的信息化建设。随着数字技术的快速发展，跨国公司应适应现代化信息化人力资源管理模式，创建国际人力资源信息化管理系统，实现全球化人力资源管理的网络化信息化管理与服务，不断优化跨国公司工作流程，提高跨国公司的组织协助效率，实现国际人力资源的最大化应用，不断提升跨国公司的企业人力资源管理效能。

（二）优化国际人力资源需求结构

人力资源需求的结构不仅要考虑跨国公司发展目标，还要考察所在行业特征和市场竞争态势，以确定人力资源的分布结构。同时，各类岗位和职位的设置及人员数量配备与东道国企业文化、管理风格、集权分权程度、管理层级、管理幅度等都具有相关性。

跨国公司人力资源管理与国内企业相比具有明显的差异，不仅要求人才素质更高、适应能力更强，人才结构也更复杂。跨国公司对多元化的国际人才要求不仅局限于业务活动所需的专业知识和技能，还在人际沟通能力、多种语言使用能力、跨文化适应能力、国际商务惯例熟悉程度等方面有所体现。需要注意的是，跨国公司的人力资源需求较国内企业而言，机动性更高，流动性更大，其家属要随员工共赴海外，因此需要得到工作人员家属的支持与配合。此外，为了应对国际经济动荡和经济周期运动，要求跨国公司在人力资源规划时，要在科学预测基础上，对关键岗位管理人才和核心技术人员进行前期储备。

二、国际人才选聘

从跨国公司人员的类型来看，一线员工和中低层级管理人员基本上是从东道国当地招聘的，这类员工的选聘标准与程序、岗位培训、绩效考核、薪酬福利等按照东道国人力资源管理政策执行即可。所以，跨国公司的人力资源管理主要针对中高级管理人员和核心技术人员。外派人员甄选机制一般涉及三方面的内容：一是外派人员范围界定；二是甄选标准设计；三是甄选方法选择。

（一）界定外派人员的岗位需要

跨国公司选择外派人员，一方面要有利于母公司对国外分支机构的控制，降低经营管理风险；另一方面也要考虑外派人员可能产生的高成本和对本土人才的压制。跨国公司应在外派人员与当地人员之间实现平衡。一般而言，对于任何新建、并购、重组的公司，总经理、财务总监、人力资源总监是必须外派的核心人员，这些人是一个公司的核心团队，派出这些人能够真正在新的公司中形成有利于母公司的价值观和具有竞争力的管理体系。子公司由初创阶段过渡到正常运营阶段以后，可以逐渐实行人力资源本土化策略，陆续把中级管理职位，甚至部分高级管理职位让渡给本土人士，调动当地人才参与公司管理的积极性和主动性，发挥他们熟悉当地环境和市场的优势。

（二）建立科学的甄选标准

构建科学合理的外派人才选拔标准，有助于识别最合适的外派人员。实践表明，东道国政策把控能力、管理能力、沟通能力、跨文化适应能力等，都是甄选标准的内容。

第一，国际化管理实施能力。母公司的高层管理者是国际战略制定者，海外子公司的项目负责人则是海外战略的实施推动者。国际化战略是跨国公司中长期战略发展规划，在制定战略时，母公司高层管理者对东道国的具体情况预测往往不够准确，因此在具体实施过程中，需要海外子公司项目负责人能够针对各种突发事件做出准确判断和及时应对。

第二，跨文化管理能力。海外子公司的一线员工和中低层级管理人员基本上是从东道国当地招聘的，由于具有不同文化背景，在海外分公司执行母公司战略时，引起文化冲突与摩擦在所难免。因此，海外子公司负责人需要具有跨文化管理能力，能够解决因文化差异而引起的工作冲突等问题。

第三，语言与交际能力。跨国公司的海外子公司负责人在经营管理过程中，需要开发和利用东道国的政策环境和资源，开展母公司的海外业务活动，需要海外公司负责人与东道国政府、工商界人士等开展合作与交流。要求负责人必须掌握良好的语言与交际能力，善于谈判。

第四，较强的适应能力。外派海外负责人要具有高度适应能力，主要包括本人对东道国法律法规、东道国文化、东道国市场等适应能力。

（三）优化的选聘方法

优化的选聘方法有助于体现备选人员的真正实力和公平竞争的原则。简历与面试、技能与情景模拟、智力与心理测试、评价中心考核等都是当今较为普遍采用的方法，只是因为各企业特征和所甄选外派的职位、管理幅度、经营规模、地理位置有所不同，所以各企业应选择不同的组合方法。

三、国际人力资源的培训与开发

人力资源培训的目的在于使外派人员获得系统的经营管理知识和法律法规常

识，注重提升外派人员对不同文化、不同市场环境的观察力和敏感性。面向不同来源人员的培训，其培训目的、培训内容和培训方式不尽相同。

（一）对外派的管理人员的培训

外派人员包括从第三国选派和从跨国公司母国选派两种途径。从第三国选派人才的范围更广，这些管理人才普遍具有国际视野，跨国管理经验丰富，沟通协调能力较强；不足之处在于对东道国各个方面缺乏详细具体的了解。而从跨国公司母国选聘的海外管理人员一般在国内工作较为出色，具备相当的优势。他们高度认同跨国公司国际化发展战略理念，具有民族精神，将国家利益放在第一位。不管是从母国选派，还是从第三国选派都需要对外派人员有针对性地开展培训。

1. 培训目的

对外派管理人员的培训，让外派管理人员了解并获得国际经营管理的相关知识和经验，还有东道国法律法规和文化敏感性培训。文化敏感性是跨文化管理能力的主要内容，通过培训使外派管理人员充分了解东道国国民的价值观与行为观，增强对东道国工作和生活环境的适应能力。

2. 培训内容

外派人员培训通常分为两个阶段。一是派出前的准备培训，包括岗位职责培训、语言培训、东道国法律法规培训、东道国商业惯例等内容。二是现场指导，外派管理人员在海外上任后，前任者通常要对接任者进行现场指导，使之全面了解分公司的各项工作开展情况。

3. 培训形式

跨国公司针对外派管理人员培训主要包括三种形式，即外部培训、内部培训和在职培训。外部培训是由独立的培训机构，主要培训外派管理人员的沟通能力和海外人际交往能力的提升。一般邀请有经验的专家授课，培训地点大多在东道国，方便海外管理人员了解文化差异，熟悉工作环境。内部培训是跨国公司制定的培训计划，是典型的内部培训，一般情况下，母公司邀请熟悉东道国文化的专家担任，主要培训内容是东道国的政治环境与区域环境等内容，为外派人员进一步了解东道国的情况打好基础。在职培训主要内容是强化外派管理人员的实践性，由公司内部有经验的上级进行督导。时间相对灵活。

（二）对来自东道国的管理人员的培训

跨国公司培训是母公司派往国外工作的管理人员。很多跨国公司非常重视对东道国管理人员的培训，以推动海外公司在生产经营环节的管理上符合母公司的整体要求。

1. 培训目的

来自东道国的管理人员对母公司的跨国经营战略、管理风格和管理程序了解不够深入，对来自东道国的管理人员的主要培训内容为跨国公司的管理理念、管理技能、技术和企业文化，使东道国管理人员掌握企业文化，以及海外经营目标和管理标准。

2. 培训内容

跨国公司对东道国管理人员的培训侧重于生产技术、管理技术和企业文化等方面。管理技术培训通常按管理人员的职能分类进行。营销管理人员，侧重于营销、分销、广告和市场调查等方面的管理技能；财会管理人员，侧重于母国和东道国会计准则的差异、会计电算化方法、财务报表分析和外汇风险分析等。生产技术培训侧重于从母国转移到东道国的生产技术。

3. 培训形式

东道国管理人员由于缺乏经营业务和技术方面的知识，培训通常有两种形式。一是东道国人员受雇于母国工作。跨国公司为了解决东道国人员缺乏业务技术的问题，一般将聘请母国商业院校毕业的东道国学生为其培训，主要学习公司经营理念、管理程序等内容。二是东道国人员受雇于东道国工作。一般情况下，跨国公司选聘本地人担任管理职务，让他们在东道国子公司参加培训计划或参加母公司的培训计划。

四、国际人力资源薪酬管理

薪酬管理是指跨国公司管理者对本公司员工报酬的支付标准、发放水平和要素结构进行确定、分配和调整的过程。跨国公司的薪酬政策对于发挥公司人力资源的管理效率、调动员工积极性起着重要作用，也是提升跨国公司竞争力的关键因素。

（一）国际人员薪酬管理的主要特征

一是为跨国公司总体战略服务。面对来自全球市场的激烈竞争和挑战，要想在全球范围内准确贯彻公司经营战略，对国际人力资源的有效管理是至关重要的。薪酬管理是推动总体战略的关键要素，科学合理的薪酬体系不仅能促进战略规划的制定，还将促进整体战略目标的实现。

二是薪酬政策和标准的多重性。在国际企业跨国经营管理中，地域是决定薪酬制度的主要因素，在不同区域，跨国公司制定的薪酬标准不同。

三是难以兼顾公平性。对于东道国本土员工，国际企业一般根据本地法律规定，确定薪酬标准，采用本土化的薪酬结构。对于外派人员，则有母国基准法、派出国基准法、东道国基准法等多种计算薪酬的方法。这种区别对待将会使薪酬制度的内部公平性受到破坏。

（二）薪酬管理的目的与原则

合理的薪酬与福利水平，可以起到很好的激励与约束作用，使员工心甘情愿地为公司服务，从而实现跨国公司经营管理目标。同时，科学合理的薪酬制度设计必须遵循一定的原则。

1. 薪酬管理的目的

（1）调动员工的积极性和主动性，激励员工提升业务水平和专业能力，强化员工的责任心与敬业精神。奖优罚劣，促使优质资源向优秀人才倾斜，鼓励工作能力突出的员工为公司发展付出更多的努力，创造更好效益；营造出良好的竞争环境，迫使绩效低下的员工改变工作态度、提高业务能力。

（2）满足员工的基本生活保障，实现员工心理上的安全需要。员工入职企业工作，按照《公司法》，员工要与公司签订劳动合同，公司为其缴纳保险，按时发放工资，所以企业管理者必须重视员工的基本需求。

（3）价值肯定。薪酬体现了员工的价值，他们为企业付出了努力，应该得到相应的报酬。薪酬管理可以保证员工的工作效率。

2. 薪酬管理的原则

（1）公平性原则。跨国公司薪酬管理，兼顾国别差异的基础上，本着国籍和岗位内容同工同酬的基本原则进行。

（2）经济性原则。经济性是指用人单位设计的薪酬体系应该经济可行，充分考虑薪酬成本、人工成本与总体收益的关系，进行成本分析与控制，以保证组织具备理性成长的空间。

（3）激励性原则。激励性原则说明薪酬的作用。绩效考核是激励方案的重要内容，依据绩效考核的结果来实现激励。

（三）薪酬管理的内容

薪酬管理的具体内容一般包括以下四个方面：

（1）基础工资管理。基础工资是企业在一定的时间周期内定期向员工发放的固定报酬基础工资以职位为基础或以能力为基础，主要反映员工所承担的职位的价值或本身具有的能力的价值。基础工资的标准要综合考虑东道国的消费水平、社会平均工资水平、通货膨胀程度、基本生活成本等因素。

（2）绩效工资管理。绩效工资是根据绩效考核标准，在对员工或团队完成工作的数量和质量进行绩效评价的基础上确定的薪酬增加部分，是对员工或团队过去的优良业绩的一种奖励。绩效工资管理的核心是考核标准确定与绩效水平评估。

（3）奖金管理。奖金管理是跨国公司激励机制的主要手段，是激励员工努力工作的一种有效工具。资金可以提高员工的工作热情与工作效率，使其为公司创造更大的经济利益。对跨国公司来说，奖金标准的制定与发放是薪酬管理体系中的重要组成部分，它依据员工或团队的工作绩效进行浮动及发放。奖金体现了跨国公司对员工或团队工作的承认和肯定。

（4）福利管理。福利是指跨国公司向员工提供的除工资、奖金以外的各种保障、补贴服务及实物报酬，也是薪酬体系的一个重要组成部分，属于间接报酬。福利管理也是企业为了提高员工的工作效率、吸引和留住人才、传递企业文化、培养员工忠诚度的重要手段。

（四）薪酬管理的实施

跨国公司的薪酬管理主要是以职位为基础的薪酬体系设计与实施。

（1）职位说明书。职位说明书包括员工工作岗位的职责、绩效标准等信息。

（2）职位评价。职位评价是跨国公司用来对企业内部各个职位进行价值评价的一套标准化和系统化的评价体系。

（3）市场薪酬调查。薪酬设计的外部竞争性由劳动力市场薪酬调查来解决。

（4）确定公司的竞争性薪酬政策。薪酬政策分为三种类型：领先型，企业制定的薪酬高于劳动力市场的薪酬；匹配型，企业制定的薪酬与劳动力市场的薪酬一致；拖后型，企业制定的薪酬低于劳动力市场的薪酬。

（5）建立薪酬结构。在国际上通行的工资结构为宽带薪酬。宽带薪酬是企业整体人力资源管理体系中薪酬管理的方法之一。在进行宽带薪酬结构设计时要注意，宽带薪酬的数量、宽带薪酬的定价和员工在宽带薪酬中的特定位置。

（6）建立薪酬结构的管理机制。跨国公司如何建立薪酬结构的管理机制包括两个方面：一是建立薪酬基本框架；二是对薪酬进行合理化调整。

复习思考题

1. 跨国公司人力资源管理的特点是什么？
2. 跨国公司人力资源选拔模式有哪些？
3. 试述跨国公司人才选拔机制。
4. 简述跨国公司薪酬管理的重要性。

第六章　跨国公司营销管理

学习要点

本章重点学习跨国公司对国际市场的营销管理策略。要求读者了解跨国公司针对国际市场制定出的定价策略、促销策略的概念和具体应用，掌握探索性调研、描述性调研及因果分析调研等市场调研方法，能够运用本章所学知识分析解决现实中遇到的实际问题。

第一节　跨国公司的营销策略

跨国公司以全球市场为经营目标，针对国际市场决策跨国公司的产品生产与经营决策。历年统计数据显示，跨国公司的利润总额中，有 20% ~ 50% 的利润来自国际市场。国际市场环境相对比较复杂，需要跨国公司进行国际环境分析，掌握国际市场商情、经济技术信息及国际商务惯例，规避营销风险。

一、跨国公司国外目标市场选择

跨国公司经营以国际市场为依托，对国际市场的评估是跨国公司经营之本。国际市场评估是对不同国际市场的需求和竞争状况进行调查、预测，据此制定国际目标市场选择。国际目标市场是指跨国公司产品的国际销售市场或服务对象市场。跨国公司应该如何选择国际目标市场，取决于跨国公司的产品性质、国际市场特点，以及跨国公司的资源和能力等因素。

（一）跨国公司目标市场选择策略

跨国公司的国际目标市场营销策略分为三种，即无差异营销、差异化营销和集中营销。

1. 无差异营销

经过国际市场细分，跨国公司了解国际市场存在一定差异性，但是差异性不

152

显著。因此，一些跨国公司以统一的产品、同样的销售渠道、促销策略、统一价格向国际市场推销产品。无差异营销策略最大的优点是可以降低生产成本和营销成本。例如，可口可乐公司在国际市场使用统一的产品和广告。

2. 差异化营销

差异化营销是指跨国公司根据国际市场的不同需求，分别设计不同的产品类型并运用差异化的市场营销组合策略，为不同的国际市场提供产品和服务。差异化营销策略的优点是细分市场较多，有效提升产品的销售总量，避免依赖单一市场。差异化营销策略的劣势是增加产品的生产成本、管理费用和促销费用。

3. 集中营销

集中营销策略是在国际市场细分的基础上，将跨国公司性质基本相同的国际细分市场作为跨国公司某类商品的国际目标市场。

（二）跨国公司目标市场选择的影响因素

跨国公司应如何选择国际目标市场，取决于跨国公司的企业规模、产品同质性、国际市场差异性、产品生命周期和竞争对手策略等相关因素。

1. 企业规模

大型跨国公司经济实力比较雄厚，制定市场营销策略具有相对优势；而小规模跨国公司由于企业规模较弱，一般宜采用密集型市场营销策略。

2. 产品同质性

跨国公司在选择国际目标市场时，主要根据目标市场的产品差异程度，选择适合的国际目标市场。对于差异性较小的产品，可采取无差异市场策略；而对于差异性较大的产品，则宜采用差异性或密集型市场营销策略。

3. 产品生命周期

当跨国公司的产品处于成长期时，一般宜采取无差异化国际市场营销策略。当跨国公司的产品处于成熟期或衰退期时，宜采取差异化市场营销策略，以提升销售量，维持和延长产品的生命周期。

（三）跨国公司的国际市场定位

1. 明确市场定位

跨国公司进行国际市场定位，是为了实现既定的经营目标，为企业产品在国际市场中确定市场位置。产品市场定位是跨国公司占领国际市场的重要一环。在调研国际市场竞争对手、潜在客户需求的基础上，首先要明确跨国公司潜在竞争优势。基于竞争优势选择，确定目标市场产品定位，明确跨国公司的市场位置。

2. 定位方法

假定某跨国公司选定以某国消费者使用的彩色电视机市场作为其进入的目标

市场。经调查发现，顾客们关心的主要是产品质量和价格高低。目标市场上竞争者所提供产品的情况见图6-1。

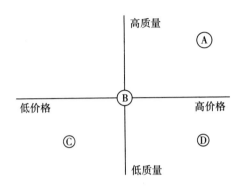

图6-1　目标市场产品竞争定位

图中A、B、C、D四个圆圈代表目标市场上四个竞争者，圆圈面积大小表示这四个竞争者的销售额大小。竞争者A生产和出售高质量和高价格的彩电；竞争者B生产和出售中等质量和中等价格的彩电；竞争者C生产和出售低质量和低价格的彩电；竞争者D生产和出售低质量和高价格的彩电。我们假设目标市场上竞争的主要情况如此，那么，这家企业的产品应当定位在什么位置？主要有两种选择：

一是选择把本企业的产品位置定在竞争者A的附近，与A争夺顾客。选择这样的定位必须具备以下条件：①本企业能比A生产出更好的产品；②市场本身容量很大，足以吸收这两个竞争者所生产的产品；③本公司比A有更多的资源；④这种定位与本公司的信誉和特长相适应。

二是选择把本企业的产品位置定于左上角的空白处，即决定生产和出售高质量和低价格的彩电。公司这样做固然可以在这一部分市场上立即取得领导地位，但必须具备以下条件：①公司有制造高质量彩电的技术；②公司以低价格出售高质量的彩电仍能获利；③公司通过各种促销手段使消费者相信本公司的产品质量能与A公司的产品质量媲美。

二、跨国公司市场营销的竞争策略

跨国公司的产品在国际市场上的地位决定着公司在市场上扮演的角色，角色不同决定了公司采用的竞争策略也有所差别。

（一）市场领袖策略

每个行业都有一个公认的领导者，其通常在市场上拥有较高的占有率，在价格、新产品、促销等方面的活动足以影响其他企业的活动。为了维护领导者的地位，跨国公司可采取以下策略：发展目标市场的每一细分市场；或通过努力增加产品线中的产品项目维护其取得的市场占有率，吸引潜在顾客进入市场，增加产品用途；或增加原购率、重购率。

作为某行业或某产品的市场领导者，拓展目标市场的每个细分市场，都应在市场调研的基础上经过"实地试营销"阶段，以发现可能存在的问题。美国婴儿尿布生产商宝洁公司跨国经营婴儿尿布的经验教训具有一定代表性。

（二）市场挑战者策略

处于市场挑战者地位的企业，通常仅比领导者企业的市场占有率稍小一些，仍然有希望获得领导者的地位。作为挑战者，企业必须发现其竞争对手的一些弱点，从中找到增加市场占有率的机会。通常可供挑战者选用的策略有：

第一，采用低价方式快速进入目标市场，待市场地位巩固后，再提高产品的售价。

第二，选择合适的推广对象，包括中间商和零售商。

第三，发展新产品。一方面可以巩固挑战者的地位，另一方面能进一步扩大市场份额，进而取得领导者的地位。

（三）市场追随者策略

市场上大多数公司处于市场追随者的地位，因为它们经济实力不雄厚，没有能力竞争领导者的地位。追随者可选用的主动进取策略有：

第一，市场细分策略。对市场产品进行周密细分，选出最优产品，设计恰当的营销策略，主攻某类产品以满足市场的需要。

第二，追求高利润策略。对追随者而言，利润的大小往往比市场占有率更有吸引力，故选择具有优势且利润率高的产品发起攻势。

第三，市场追随者战略。时刻关注发达国家市场领先者的产品政策、价格政策和销售行为，密切注视领先公司在价格、新产品方面的变化，据此制定本公司的营销对策。

三、跨国公司选择营销渠道的方法

跨国公司对目标市场进行选择和定位后，要决定采取何种方式进入目标市场，是通过直接出口、间接出口，还是在当地市场上通过合资、独资、许可证贸易、合同生产和管理等形式就地生产，就地销售。跨国公司在选择营销渠道时，既要考虑公司的总体利润目标，又要考虑不同营销渠道的特点。跨国公司一般从营销渠道成本、营销渠道资金、营销渠道控制、营销渠道市场覆盖范围、营销渠道特性五个方面来考虑如何选择营销渠道。

（一）营销渠道成本

成本指公司开发和保持一个营销渠道所需的费用。公司开发国外市场营销渠道的成本越低，其他五个方面的经济效率就越高。通常降低成本的最有效方法是缩短营销渠道，直面市场。

（二）营销渠道资金

公司选择营销渠道应从节省资金开支出发，追求最佳效率。公司利用中间商进行产品分销可以减少资金投入。其中，独立的中间商在买下商品时即能提供现金流转，而代理商在没有售完商品以前，不会要求公司进行现金流转，但往往要求在经营开始时提供资金补贴。因此，跨国公司应根据不同的营销渠道特点，结合经营目的和财力做出不同的营销决策。

（三）营销渠道控制

跨国公司为了控制国外市场的营销机构，不惜重金投资建立能实现最大限度控制的销售系统，缩短营销渠道的长度，以便加强对产品售价、促销方法和销售方式的控制。

（四）渠道市场覆盖

市场覆盖是指为了保证目标市场销售量的完成而要实现在目标市场上的销售份额。跨国公司扩大国际市场销售的方法有两种：一是加大对购买力强大市场的渗透力；二是扩大市场覆盖面。

（五）营销渠道特性

跨国公司在选择营销渠道时，应同时考虑两个方面的特性，即公司的特性和目标市场的特性。公司的特性是指产品性质，以及公司的规模、经营能力和财务状况。公司的特性与营销渠道的选择密切相关。目标市场的特性是指客户、中间商和竞争者的特性。

第二节 跨国公司的价格策略

跨国公司制定出合适的定价策略是保证公司目标实现的重要条件。通常制定产品的价格要考虑三个制约因素，即生产成本、竞争性产品的价格和消费者的购买能力。其中，最关键的是产品的生产成本，产品的生产成本决定了产品的最低定价，而可比产品的竞争性定价和消费者的购买能力制约着产品的最高定价。

一、跨国公司选择市场定价目标

跨国公司在确定目标市场产品销售价格时，一般以营销目标为依据，按照利润最大化目标、投资利润率、市场占有率、市场竞争等方面确定其定价。

（一）利润最大化目标

跨国公司的利润最大化目标是指在较长的时间内谋求整体的最大利润，而不是在单个产品上尽可能获得的最大利润。因此，公司为了保证长远的、整体的最佳利润，不惜在短期或个别产品上少获利或暂时亏损。如在产品的组合方面，日本佳能公司宁愿在复印机上制定较低的市场价格，获得少量利润，而趁机扩大了复印纸和油墨等的销售量，以合理的定价赚取了较高的利润，从而保证公司总体的最大利润。

（二）争取预定的投资利润率

跨国公司目标投资利润率是公司根据自己的发展目标而制定的利润与投资总额的比率，通常目标投资利润率要高于一般利率。这种定价目标一般被在行业中处于领导地位的公司或受专利保护而暂时没有竞争压力的系列产品所采用。这种定价方法比较简便，公司只要以产品的生产成本为基准并预测产品的市场销量便可算出相应的市场售价。

（三）巩固和扩大市场占有率

当跨国公司产品已打入目标市场，公司的营销策略目标和价格目标的重点便是维护和扩大市场份额，使公司的产品在目标市场上占有优势地位，从而通过扩大市场份额增加利润。此时，公司扩大市场占有率的途径一般是通过建立产品声誉，大力促进适销产品的销售，进而扩大销量。

（四）始终紧盯竞争对手的价格

以全球市场为经营目标的跨国公司，无疑会遇到竞争对手的价格竞争。为此，跨国公司在进行市场定价前，应综合考虑公司与竞争者实力的比较，如生产规模、产品成本、产品质量、产品信誉等。如果综合实力超过对手，定价可高于竞争者；如果实力不如竞争者，定价可低于对手。

（五）实施价格领导制

在竞争激烈的全球市场上，一些大型跨国公司为了避免在竞争中两败俱伤，往往通过协商，组成各种卡特尔，实行价格领导制来限制竞争、稳定价格、确保市场份额。

二、跨国公司市场定价的方法

跨国公司市场定价方法主要有三种，即成本导向定价法、需求导向定价法和竞争导向定价法。

（一）成本导向定价法

1. 成本加利润定价法

成本加利润定价法是指在总成本基础上加上一定的利润，作为产品价格的基础，其主要优点是简便易行，在产品销售过程中能够保证企业获得稳定的市场收益；其主要缺点是忽略了产品市场竞争，基于消费者效用角度考虑不足。

2. 边际成本定价法

边际成本定价法是指跨国公司在制定产品价格时，侧重于产品的变动成本，相对于固定成本考虑不足。在激烈的市场竞争中，边际成本定价法是产品定价的理想选择，可以从公司战略的视角出发，培育产品市场的客户忠诚度。

（二）需求导向定价法

需求导向定价法是指跨国公司结合国际市场供求关系进行的产品定价策略。当国际市场需求增大时，可以根据市场价格提升产品价格；当国际市场需求降低时，调整为低价策略。跨国公司采用需求导向定价法，需要及时了解国际市场供求关系，及时估算出产品在国际市场上的综合价格水平。

（三）竞争导向定价法

竞争导向定价法是指跨国公司在定价决策时，统筹衡量产品成本和需求，同时结合国际市场同类产品竞争对手的价格来确定产品价格的定价方法。竞争导向定价法比较适用于寡头垄断和垄断竞争的企业产品定价。

三、跨国公司市场定价的步骤

跨国公司市场定价基于全球战略视角，充分考量产品生产成本、市场供需情况及消费者效用等要素，具体步骤如下。

（一）寻求产品潜在的消费者

当跨国公司制定产品和服务价格时，必须综合考虑消费者的消费能力，产品使用者、消费者和影响购买者需求因素及他们对产品不同价位的主观态度。

（二）预测市场潜在的需求量

跨国公司要进行产品的合理定价，首先要进行产品市场预测，估算消费者的需求数量。按照目标市场区域的收入水平、消费者的消费偏好等要素进行分组，预测不同细分市场产品和服务的需求规律，进而掌握产品和服务在不同价格水平的需求量。

（三）掌控竞争者的价格变动信息

在市场竞争中，了解竞争者的产品市场价格比较容易，但是要掌握竞争者产品价格变动结构绝非易事。为了保守商业机密，大部分公司习惯采用数字代码，以防泄露。为了掌握竞争者的价格变动，需要通过加强商务往来的方式进一步获取相关信息。

（四）剖析竞争者的价格定位

在预测产品市场需求和竞争者产品价格结构时，跨国公司将进一步掌握竞争者定价方案。在国际市场上，产品定价范围取决于产品的需求价格弹性，产品价格弹性越大，产品定价范围就越大，反之亦然。

（五）估算产品的成本

跨国公司销售产品的成本由三部分组成，即固定成本、可变生产成本和促销费用。固定成本通常由固定资产的折旧、租金、利率和管理费用组成，单位产品的固定成本随产量的增加而不断下降。可变生产成本包括原材料、能源、劳动力成本等，它随着产量的增加而增加。促销费用包括产品在国际市场营销中的费用，以及关税、运输费、保险费、通货膨胀、汇率变动和分销渠道等费用。

四、不同产品生命周期的市场定价

（一）产品市场的开创阶段

在产品市场的开创阶段，新产品刚进入市场，跨国公司依靠新产品的独创性、新品牌等非价格因素，得以维持其垄断或寡占的优势。此时产品处于垄断地位，定价方式以获取最大利润为目的，使其产品的边际成本与边际收益相等。随着竞争者的模仿跟进，垄断优势很难在长时间内存续，跨国公司往往采用撇脂定价和渗透定价方法，以保证公司获取最大利润。

（二）产品市场的增长阶段

随着产品的需求量逐渐增加，国际市场出现了模仿者，标志着产品进入增长期，趋于成熟。在产品市场的增长阶段，潜在竞争者的仿制品已进入市场，这时跨国公司主要根据市场上的竞争情况来决定自己的产品价格，以便保持并扩大市场份额，降低成本，实现规模效益。本阶段，寡头垄断的市场条件已经形成，少数几家跨国公司垄断了市场，占据了大部分市场份额，其定价策略是按照扭结断折需求曲线进行的（见图 6-2）。

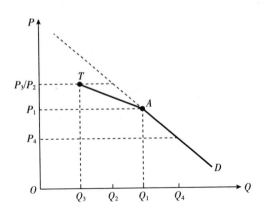

图 6-2 扭结断折需求曲线

图 6-2 中，若市场产品价格为 P_1，公司销售量为 Q_1，D 线为该公司产品的需求曲线。如该公司提高产品价格至 P_2，其他寡头为了趁机扩大市场份额，一般不提价，或提价幅度小于 P_2，因此该公司产品的销量就会在 Q_2 的基础上进一步下降到 Q_3，市场份额大幅度下降，得到另一条偏离 D 的需求曲线 AT。而当公司降价时，其他寡头也会相应降价，以保持市场份额不变。为了避免引起价格战，其他寡头价格下降幅度一般与本公司产品价格下降的幅度相适应。

图 6-2 表明了竞争对手的重要性，只有仔细研究分析竞争者的定价策略和对价格变化的应变能力，跨国公司才能制定出更为合理的市场价格。

（三）产品市场的标准化阶段

在产品市场的标准化阶段，产品的新颖性逐渐减退，市场销量接近饱和，产品趋于成熟，在市场上竞争者众多，替代品出现，形成了垄断竞争的市场条件。此时，公司应慎重定位。若定价过高，会造成市场份额减少；若定价过低，又可能会引发价格战，导致两败俱伤。

（四）产品市场的衰退阶段

在产品市场的衰退阶段，市场上有无数的竞争者存在，形成产品进入市场容易，产品处于完全竞争的条件。为争取消费者，保持市场份额，跨国公司尽量降低产品价格，等待新产品的生产。

第三节　跨国公司的市场营销调研

市场营销调研是决策的基础、营销的前提。调研与决策是跨国公司独立进行分析、综合、判断和推理的过程。在信息技术时代，只有重视国际市场营销调研，才能及时掌握产品的必要信息，保证市场营销决策准确。

一、国际市场营销调研的内容

（一）目标市场的宏观与微观环境分析

在选择进入国际市场前，企业需要及时掌握国际市场总需求量，潜在国际市场份额。影响国际市场竞争的主要因素，国际和国内产品市场价格，产品扩张能否产生规模效益等。在国际目标市场选择上，企业需要及时掌握国际目标市场的经济发展水平、国际市场总需求量和潜在需求量、产品市场竞争力，以及目标市场的政治、法律和文化等国际环境。在进入市场方式上，企业需要制订可行性方案，如采用出口方式还是许可证贸易方式，直接销售或者寻求建立区域代理商，单独投资抑或合资经营，需要进行可行性分析。

1. 对目标市场的宏观环境分析

跨国公司对目标市场的宏观环境分析，直接关系到目标市场选择、产品定位及新产品开发等系列营销战略和战术决策。

（1）政治法律制度，主要包括国际关系、政治稳定性、政府对经济事务的干预程度、税收制度、有关行业的相关政策法规，以及消费者权益保护等方面的法律规定。

（2）外资与外贸政策，主要包括外汇管理、产品关税、许可证及非关税贸易壁垒的相关政策等。

（3）宏观经济状况，主要包括经济发展水平、基础设施建设、通货膨胀、国际收支和进出口贸易等情况。

（4）人口状况，主要包括人口的数量、密度、自然增长率和年龄结构，家庭的规模和数量，人均收入和收入的分配形式。

（5）社会文化，主要包括语言、文字、价值观念、社会组织、受教育水平、风土人情等。

2. 对目标市场的微观环境分析

跨国公司只有在充分了解东道国的市场份额及销售潜力，并明确产品目标市场定位的基础上，才能合理地进行资源配置，以此提升产品国际竞争力。

（1）国际市场产品信息，主要包括目标市场上的消费者偏好、消费者的满足程度及原因分析，以及潜在消费者和潜在购买力情况、替代品与互补品的情况、新产品的更新换代周期。

（2）国际市场价格信息，主要包括在目标市场上，产品的价格弹性和价格水平，同类产品的定价方法，互补品和替代品的价格水平及变化趋势，消费者对价格变动的经济承受能力；东道国在信贷条件、支付方式、销售条件等方面的经验做法。

（3）国际市场分销渠道信息，主要包括在产品到达东道国的过程中采用的运输方式，产品出口涉及的出口商、进口商、批发商、零售商的使用成本、资信状况、市场地位、经营范围及能够提供的服务。

（4）国际市场促销信息，主要包括目标市场上促销手段的形式和可利用程度，广告传媒的特点、费用、目标受众、市场覆盖面；广告代理业的发展程度及工作效率及促销作用。

（二）国际营销调研的类型

（1）探索性调研。探索性调研通常是一种非正式的定性分析，其主要目的是快速、简捷地收集信息，发现症结所在，以此确定调研目标和方向。

（2）描述性调研。正式的营销调研过程通常都包含描述性调研，即记录和描述市场潜力、顾客偏好、竞争行为等方面的市场情况。

（3）因果分析调研。因果分析调研通常采取定量分析的方法，其目的是揭示有关影响变量间的因果关系，以寻找某一问题产生的原因，通常的调研程序是先进行探索性调研以确立调研目标，然后再开展描述性调研或因果分析调研。

二、国际营销调研的步骤

跨国公司营销调研工作通常包括确定调研目标、制定调研方案、收集处理数据和撰写调研报告四个步骤。

（一）确定调研目标

首先，国际营销决策者和市场调研员共同研究公司营销现状与存在的问题，明确调研目标；其次，市场调研人员进行初步的小规模试点调研，对大量纷繁复杂的营销现象进行分析，从中找出问题所在，最终确定调研目标。

（二）制订调研方案

在明确了调研问题、确定了调研目标后，要制定调研方案。调研方案是对调研任务的过程进行设计和安排，包括调查的目的和对象、调查的地区和范围、调查资料的来源及收集所需资料的具体方法等。一般来说，调研方案主要涉及以下三个方面的内容：明确信息来源、确定资料收集方法、设计抽样方案。

（三）收集、分析、处理和综合数据

在确立调研方案之后，就要按照调研方案去实地收集信息，并对这些收集来的材料进行分析和处理。

第一，选拔和培训实地调研人员。实地调研人员是调研方案的具体执行者，他们素质的高低及工作实效将直接影响调研的质量。

第二，实地收集资料。根据调研目标和调研方案的要求，实地收集所需的各种信息。

第三，对收集来的资料进行检查、核实和校订，使其具有可比性和准确性。

第四，资料的分类和编码。对资料的分类是将经过检查核实为有效的资料，根据调研方案的要求进行分类，以便检索和使用。

第五，数据的综合分析和处理。运用回归分析、相关分析、时间序列分析等多种统计方法，对整理好的数据进行综合处理和分析。通常这项工作是由已有的计算机统计分析软件（如 SPSS 或 SAS 等）完成的。

（四）撰写调研报告

国际营销调研的关键性工作是由调研数据收集和处理过程的调研人员共同对调查结果作出解释和说明，得出结论并撰写调研报告。

三、国际营销调研的主要方法

跨国公司国际营销调研的常用方法有案头调研和实地调研两种。

（一）案头调研

案头调研为第二手资料调研，是指查询并研究与调研课题有关的资料的过程。进行案头调研主要是因为国际营销中许多课题涉及的范围相当广泛，因此需要利用现有的研究资料、统计数字来进行分析。通过资料研究，可进行市场供求趋势分析、市场相关因素分析、市场占有率分析等。案头调研的资料来源，可分为企业内部信息和企业外部信息两大类。

1. 企业内部信息

从事国际营销的企业，特别是现代化跨国公司，在企业内部建立了管理信息系统。该系统记录了企业内部各职能部门的有关数据和信息，如产品规格、生产进度、原料采购、库存管理、产品销售、成本控制、人事管理及市场商情预测等。

2. 企业外部信息

（1）政府机构。各国政府有关部门每年会公布相关资料，如统计部门公布的统计资料、各级政府颁布的经济发展计划等。

（2）国际组织。影响力较大的国际组织有联合国贸易与发展会议、联合国国际贸易中心、联合国粮食及农业组织、联合国教育、科学及文化组织、国际货币基金组织、联合国经济及社会理事会、世界知识产权组织。

（3）银行机构。银行作为金融中心，是国际市场信息的重要来源。世界性的银行有世界银行及其所属的国际开发协会和国际金融公司，区域性的银行有欧洲银行、亚洲银行等。

（4）国际商会。国际商会的总部设在巴黎，以公开发行国际商务各方面内容的刊物著称，其会员是各国、各地区的商会。

（5）行业协会。行业协会定期收集、整理和出版有关本行业的产销信息，能为行业内部的企业提供情报。如美国制造商协会等。

（6）专业调研机构。专业的市场调研公司、广告公司和信息咨询公司都会定期对某些特定行业或领域的市场形势、发展趋势等情况进行汇总、分析及预测。

（7）有关的出版物及各类传媒。各种综合性的、地区性的和行业性的年鉴、报刊书籍中都有丰富的国际营销信息。

总之，案头调研的信息来源主要应重视外国的政府机构、行业协会所提供的报告和重要的国际组织所提供的研究报告及统计数据。

（二）实地调研

实地调研是第一手资料的调研。相对于案头调研，实地调研的成本较高，通常是必须开展的具有重要决策意义的调研题目才会采用实地调研方式。实地调研一般有询问调查法、观察法、实验法三种。

询问调查法是指调查者直接向被调查者询问有关问题，并记录所答信息的方法，是国际营销调研中最基本、最常用的实地调研方法。询问调查可以通过电话、信函、面谈、传真、计算机网络等途径进行，其中普遍采用的有面谈、电话访谈和邮寄问卷三种形式。

观察法是指调研人员亲自到现场或借由仪器设备对调查对象进行观察与记录的一种营销调研方法。与询问调查法相比，观察法最显著的特点就是调查者同被调查者之间通常没有直接交流。

实验法是一种定量调研技术，它首先根据调查目的选定调查对象，其次人为地改变或操纵某些因素，并记录这些因素的变化对所选定调查对象的影响，从而获得调查结果。在跨国公司国际市场营销调研中，询问调查法、观察法和实验法这三种实地调查方法很少单独使用，从事国际营销的企业往往会根据当地的环境和企业自身的实际情况将其中的一些具体技巧结合起来运用。

复习思考题

1. 跨国公司选择目标市场的策略是什么？
2. 国际市场营销的竞争策略有哪几类？
3. 如何选择市场定价目标？常用的市场定价方法有哪些？
4. 市场调研的主要方法？

第七章 跨国公司财务管理

学习要点

本章重点学习跨国公司财务管理的基本内容及主要特征，介绍了跨国公司财务管理目标、跨国公司融资目标及原则，分析了跨国公司的融资策略，重点介绍了跨国公司的税收管理内容，希望读者了解国际海外机构纳税管理和国际避税的相关内容。

第一节 跨国公司财务管理信息系统

跨国公司财务管理就是以跨国公司为主体，对其资金的筹集、运用、税收等资本运营活动所进行的财务预测、决策、计划、控制、核算、分析和考核等管理工作的总称。

一、跨国公司财务管理的内容

（一）跨国公司的筹资管理

在跨国公司的财务管理过程中，最重要的一项内容即为筹资。跨国公司需要寻找外部的资金来源渠道，并进行资金的科学合理匹配，满足跨国公司分支机构的资金需求，最大限度降低资金使用成本，充分发挥跨国公司资金使用效率。

（二）跨国公司的投资管理

跨国公司要做到资金的科学合理匹配。在满足跨国公司正常生产经营的背景下，企业就需要进行必要的投资管理，以提升资金的回报率。跨国公司投资分为两个部分，即境内投资和对外投资。境内投资即以公司名义在境内投资设立企业或购买其他企业（被投资公司）投资者股权的行为。对外投资是指跨国公司在进行对外投资前，财务管理部分需要对目标国家或地区的政策、投资环境进行全面了解，将投资风险控制在可接受的范围内。

（三）跨国公司的税收管理

跨国公司追求的经营目标是整体利益最大化，跨国公司财务管理部门需要根据财务管理模式，制定科学合理的公司纳税方案，在降低税费支出的同时，最大限度降低规避纳税风险，统筹协调国内外税收工作。

二、跨国公司财务管理的主要特征

（一）目标战略性

财务管理是为跨国公司总体战略目标服务的，基于跨国公司面对的不同国际市场环境和竞争态势，财务管理部门的阶段性目标不尽相同。然而跨国公司的经营活动分布世界各地，财务环境具有显著差异性，财务管理要基于战略视角，从整体性和全局性出发，具有全球战略性，需要涵盖所有子公司。从长远角度而言，利润最大化是跨国公司追求的终极目标，同时要兼顾降低成本，提高管理效能，创造跨国公司社会价值。

（二）职能复杂性

跨国公司财务管理职能是跨国公司财务管理的重要内容。财务职能管理是财务管理过程中的关键一环。对内部而言，需要进行跨国公司的内部财务控制，构建跨国公司的财务控制管理体系，合理分配资金资源，提升资金的使用效率；不断强化成本管理与协调，统一核算与分配跨国公司的成本。对外而言，需要进行跨国公司的资本融资，拓宽融资渠道。国际资本市场具有差异性，跨国公司可利用不同区域的资本优惠信息吸引外来投资。

（三）管理复杂性

跨国公司存在于两个或两个以上的国家，所处环境的复杂性决定了财务管理的复杂性。不同国家有不同的政策法规，跨国公司在东道国的生存与发展，需要充分考虑国际形势，包括国家的政治稳定性、国际汇率、通货膨胀、外资吸引政策、税收政策等，以上因素对跨国公司将产生直接或间接的影响。因此，跨国公司所处环境的复杂性决定了其自身财务管理的复杂性。

三、跨国公司财务管理的目标

财务管理是为跨国公司总体目标服务的，不同的跨国公司在不同的时间节点、面对不同的市场竞争态势和营销环境时，财务管理的目标不尽相同。跨国公司财务管理的目标一般有以下四种：

（一）追求利润最大化

从长远角度来看，利润最大化是任何企业追求的终极目标，也是跨国公司财务管理的目标。以利润最大化为目标，要求企业尽可能增加销售收益，降低成本，提高管理效率，创造最大的企业价值。该目标的缺点是没有考虑货币的时间价值，容易使财务决策带有短期行为没有考虑投入与产出的关系，可能会忽视其他利益相关者的利益。

（二）追求净现值最大化

以净现值最大化为目标，充分考虑了货币时间价值对资本增值的影响，但不能充分反映利润与投入资本之间的关系。

（三）资本成本最小化

跨国公司的经营活动和运行体系分布在全球各地，而不同的国家和地区财务环境有很大的差异。跨国公司可以充分利用在不同国家从事经营活动这一有利条件，多渠道融通资金，在扩大资金来源的同时，尽可能使用成本低、期限长的资金，从而获得额外的财务利益，实现降低资金成本，提高资金利用效率，达到财务上的规模经济。

（四）实现股东财富最大化

股东是企业的所有者，股东投资的目的是获得高的投资回报，所以股东财富最大化是跨国公司财务管理的应有之义。股东财富主要通过股价来体现，而股价又与企业的管理水平、经营绩效密切相关，股价还能充分反映资本增值、投资风险和货币时间价值。以股东财富最大化为财务管理目标，可以引导资本要素的优化配置，客观上要求跨国公司提升经营管理水平。

四、跨国公司财务管理的职能

跨国公司的财务管理职能一直是跨国公司财务管理工作的重要内容，科学履行财务管理职能是促进跨国公司发展的根本保证。

（一）强化跨国公司内部的财务控制

跨国公司需要根据海外分公司或子公司的经营管理特点，建立起不同于一般企业的财务控制体系和独特的财务组织架构，促进分布于东道国的分公司或子公司和母公司的财务信息畅通。既能实现对公司财务的有效控制，又可以根据其经营特点、资金使用效率进行年终的业绩考核与财务审计。

（二）降低融资成本，增加融资渠道

由于国际资本市场的不完整性及国家行政干预，国际资本市场差异化严重，增加了融资渠道，减轻了纳税负担。跨国公司利用不同的优惠信息吸引外来投资以获取长期贷款优惠或利息补贴。跨国公司还可以通过上市进行资本融资，不断优化公司结构，统筹公司优质资源。

（三）加强成本管理与协调

跨国公司在不违反东道国的政策法规下，统一核算与分配跨国公司成本，综合利用，以转移成本获取最大利润。统一的成本核算法有利于跨国公司对经营业绩的横向、纵向比较。跨国公司也可构建成本策划部门，对公司价值链进行重组，优化生产流程，在对成本调研的基础上制定合理的转移价格。

（四）加强税收策划与管理

财务管理部门需要以跨国公司整体利益最大化为出发点，根据跨国公司运行的财务管理模式、组织构架，制定一套科学合理的纳税方案来协调国内外税收筹划工作，可以在极大程度上对纳税风险产生规避作用，也可以降低税费方面的支出。

五、跨国公司财务管理的主要模式

跨国公司实现财务管理目标、履行财务管理职能及提高财务管理效率，必须借助于相应的财务管理模式。依据财务管理决策权的集中程度，跨国公司财务管理模式可分为三种类型。

（一）母公司与子公司的分权模式

母公司与子公司的分权模式，是指跨国公司母公司对公司总的发展战略和财务管理进行宏观调控，而将具体财务管理计划的制定与实施等权力下放到子公司的管理层。母公司将权力下放，使子公司独立负责公司财务管理计划与实施；母公司加强对财务管理结果的监督与考核，相对较独立的财务管理也可以加大对公司业绩考核的客观性、公平性。母公司与子公司的分权模式见图7-1。

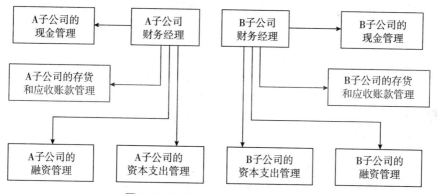

图7-1　母公司与子公司的分权模式

在分权模式下，跨国公司对具有财务决策权的子公司实行任期目标责任制，对重大财务活动实施监控，有利于调动子公司的经营积极性和子公司及时、准确地开展决策，提高跨国公司的经济效益。但子公司的利益和跨国公司的整体利益不完全一致。为实现跨国公司整体利益的最大化，需要制定科学的法人治理结构，还需要强化治理沟通与协调。分权模式加大了子公司在财务管理上的自主权，促进了子公司的主观能动性，避免母公司制定不合实际的决策，损害公司整体利益。

分权模式也有其不足之处：子公司权力相对较大且独立，将会导致子公司领导层的独裁，以及各子公司财务管理各自为政，会导致母公司对子公司的信息获取相对较少。且信息的不对称性可能会导致各个子公司为了各自利益而忽略公司整体利益。

（二）母公司与子公司的集权模式

母公司与子公司的集权模式，是指母公司对子公司的财务管理工作进行全面掌控，包括财务管理总规划及资金的筹集、使用和利润的分配。在该种财务管理模式下，母公司将系统掌握子公司的财务管理活动，并将对其进行全方位的管理与监督，确保总公司制定的各项财务管理措施能够在分公司或子公司更好地执行，从而实现跨国公司的整体性战略目标。

在集权模式下，跨国公司所有子公司的财务部门由集团统一管理，按照跨国公司的统一要求从事子公司的会计核算工作，对资金的筹集与运用，以及利润分配等实行集中统一管理，跨国公司的子公司没有财务自主权。集权模式的缺点在于：跨国公司所处的国际环境复杂多变，将会导致信息传递及时性较弱；由于母国与东道国的社会、经济和文化环境差异性较大，母公司作为决策者难以准确把握决策的合理性。因此，对于跨国公司而言，除非能保证正确及时地针对子公司的具体情况做出决策，一般不宜采取完全集权模式。母公司与子公司的集权模式见图7-2。

在跨国公司财务管理集权模式下，母公司将全面掌握国际全部业务，母公司将从整体的利益出发，进行财务管理规划与统筹，将有效提升资金运转效能，降低成本损耗，实现利益最大化。同时，跨国公司可以利用自身在信息收集和资本实力上的优势，在全球范围内选择最优市场进行筹资或投资，尽可能降低自身的投资风险和投资成本。信息技术的快速发展对跨国公司的集权管理模式起到了极大的推动作用，降低了因跨国信息不对称的负面效应，强化了跨国公司在财务上的资源优化配置，尽可能地实现了跨国公司整体利益的最大化。

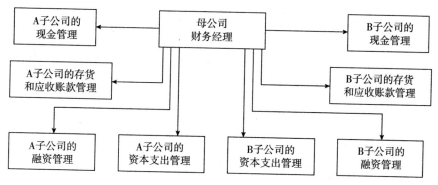

图 7-2　母公司与子公司的集权模式

（三）分权与集权综合模式

分权与集权综合模式是分权模式和集权模式的结合产物。跨国公司母公司在掌握跨国公司总体财务管理权力的同时，各个子公司享有公司部分财务管理权力，在一定程度上融合了分权与集权模式的优点，规避了单一模式下的财务管理弊端，既保证了母公司对各个子公司在财务管理上的监督与控制，也促进了子公司主观能动性的发挥。综上所述，跨国公司在处理集权与分权时，应运用辩证统一的管理理念，根据各跨国公司自身的实际情况灵活施策。

第二节　跨国公司融资管理

跨国公司融资是指跨国公司为了实现自身的经营管理目标，在全球范围内筹集公司所需资金的财务管理活动。跨国公司通过国际金融市场通过发行股票、债券、可转换证券等方式融通资金的行为。

一、跨国公司的融资目标与原则

（一）跨国公司的融资目标

融资战略是跨国公司总体战略的重要组成部分，跨国公司融资活动的总目标是满足跨国公司业务需要，促进企业可持续发展。跨国公司的融资活动主要有两个分目标：一是合理控制融资成本；二是有效规避跨国融资风险。

（二）跨国公司的融资原则

根据跨国融资资金的来源渠道、融资范围和融资时机，跨国公司的融资原则可分为三种。

跨国公司融资的多样性原则是指跨国公司融资的资金来源的多元化与分散化。跨国公司融资多样性原则是跨国公司国际融资战略的关键原则，其作用一是降低对特定金融市场的高度依赖；二是扩大资金的来源渠道；三是可以提高与扩大企业在金融界的知名度；四是有效降低跨国公司的融资成本。

跨国公司融资的灵活性原则是指跨国公司当前的融资活动不应减少跨国公司未来的融资可选择范围，即要求跨国公司对融资活动进行战略规划，避免在高成本的融资方式中进行选择。

跨国公司融资的时间性原则是指跨国公司的融资时机及不同期限债务比例结构的选择。应通过优化的相机抉择来降低有效融资成本。

二、跨国公司的融资决策及其制约因素

(一) 跨国公司的融资决策

跨国公司从事全球性经营活动，不但需要的资金数量非常大，而且涉及众多的国家和地区以及不同的货币种类。

第一，融资方式。跨国公司在进行融资决策时，首先需确定融资方式。跨国公司融资方式主要包括三种方式：一是利用自有资金；二是举债，即通过长期银行贷款和发行债券的方式进行融资；三是发行股票。

第二，融资地点。确定融资方式后，跨国公司需要决策融资区域。跨国公司的融资地点相对广泛，既可以选择母公司所在国，也可以选择东道国融资或者第三国融资。

第三，融资货币。与融资地点选择相匹配，跨国公司可以选择的融资货币有跨国公司母公司所在国货币、跨国公司子公司所在国货币、第三国货币、欧洲货币等。

(二) 制约跨国公司融资方式选择的因素

制约跨国公司融资方式选择的因素可分为融资成本及东道国环境两方面。

1. 跨国公司的融资成本

一般情况下，跨国公司大多采用举债的方式进行融资，影响举债成本的主要因素有利息率、银行费用、债券发行费用、税率和债务的偿还方式等。跨国公司举债成本低于股本成本，主要原因是税务待遇不同。在大多数国家，企业的债息支出是免税或抵税的，企业的股息支出则要缴纳所得税。举债和发行股票的成本比较，举债优于发行股票。

2. 跨国公司的东道国环境

东道国环境是影响跨国公司融资的极为重要的决定性因素。

（1）东道国政府是否具有征用或没收外国企业财产、实行外汇管制、限制外国企业汇出利润的倾向，以及东道国征税水平高低。绝对安全的东道国投资场所是不存在的，任何海外投资活动都存在风险。跨国公司在融资过程中，如果选择债务融资方式，可以提升东道国海外投资的安全性。债息支出是企业成本，可以享受免税或抵税政策，不受东道国限制利润汇出的影响。

（2）东道国政府的通货膨胀率及汇率也会影响跨国公司融资。

一是通货膨胀率。通货膨胀率会影响跨国公司的融资成本。一般来说，高通货膨胀率对融资成本产生一定影响，主要取决于通货膨胀率—利率—融资成本及通货膨胀率—汇率—融资成本两种作用机制。若前一机制比后一机制运行顺利，则高通货膨胀率对融资成本所产生的增加作用会大于降低作用。当两者均运行顺利时，若前者的传递阻抗小于后者，即对通货膨胀率变动的反应更为敏感，也会增加融资成本；反之，则会降低融资成本。一般来说，选择融资货币的原则是选用利率低的货币和软货币进行融资，这样可以降低融资成本。在跨国公司有两种货币可供选择的情况下，如果东道国货币对母国货币的实际贬（升）值率大（小）于该公司算出的标准贬（升）值率，则以东道国货币融资有利；反之，则以母国货币融资有利。如果东道国货币对母国货币的实际（升）贬值率等于标准贬（升）值率，则以两种货币融资是无差异的。

二是汇率变动。一笔借还款的净现值应相等，用公式表示就是：

$$\beta = \sum_{i=1}^{n} (I_i + R_i + L_i) / (1 + r)^i \tag{7-1}$$

式中，β 为借款额，I_i 为 i 期的利息支出额，R_i 为 i 期的还本额，L_i 为 i 期的外汇损益额，r 为有效利率，是唯一的未知数。从此公式可以看出外汇损益如何影响有效利率 r。由于公式右边的分母每期按幂级数增加，说明外汇损益产生得越早，其值越大，对 r 值的影响就越大；反之则越小。

通过上述分析可以确定汇率走向相同的两种货币的选择标准。如果可供选择的两种融资货币的汇率走向相同，就要看两种货币对本币汇率变动的幅度差和两种货币对本币汇率变动的时间差。如果两种货币同时对跨国公司的母国货币升值，则选择升值幅度小、升值时间晚的货币；如果两种货币同时对跨国公司的母国货币贬值，则选择贬值幅度大、贬值时间早的货币。

三、跨国公司的融资方式

跨国公司融资可分为内源融资和外源融资两大类。在市场经济下，跨国公司融资主要是选择适宜的融资结构，即资金来源渠道，以及不同渠道筹集资金间的相互联系和比率关系，包括总资产与负债率、股东持股比率等。

（一）内源融资

跨国公司的内源融资是指从跨国公司母公司及各个子公司内部筹措的资金，具体包括三个方面：一是跨国公司母公司与子公司因自身经营活动产生的盈利，主要由留存利润和折旧构成；二是母公司与子公司以及子公司与子公司之间相互提供的贷款；三是跨国公司母公司与分支机构之间通过转移价格、交叉补贴、利润再投资等形式进行的资金划拨。内源融资对跨国公司而言是极为重要的融资渠道，为跨国公司母公司控制其分支机构创造了条件，同时有利于节约融资成本，降低融资风险，是跨国公司经营与发展不可或缺的融资方式。事实上，在当今国际资本市场上，内源融资是跨国公司首选的融资方式，是跨国公司资金的重要来源。

内源融资的优点在于：第一，自主性。内源融资源于自有资金，上市公司在使用时具有很大的自主性，只要股东大会或董事会批准即可，不受外界的制约和影响。第二，融资成本较低。若公司采用外源融资，无论采用股票、债券还是其他方式都需要支付大量的融资成本。第三，不会稀释原有股东的每股收益和控制权。因利用内源融资而增加的权益资本不会稀释原有股东的每股收益和控制权，还可以增加公司的净资产扩大融资。第四，股东获得税收上的优势。内源融资将会导致少发股利，引发公司股价上涨，股东可出售部分股票来代替其股利收入，而所缴纳的资本利得税一般低于个人所得税。

内源融资的缺点：第一，内源融资受公司盈利能力及积累的影响，融资规模受到一定制约。第二，分配股利的比例会受到某些股东的限制，从自身利益考虑，要求股利支付比率维持在一定水平上。第三，股利支付过少不利于吸引股利偏好型的机构投资者，将减少公司投资的吸引力。第四，股利过少，说明公司现金较为紧张，对外源融资产生一定影响。

（二）外源融资

跨国公司的外源融资是指吸收其他经济主体的资金转化为跨国公司投资的过程。随着跨国公司生产规模的逐渐扩大，内源融资已很难满足企业的资金需求，外源融资成为跨国公司融资的重要形式。跨国公司外源融资受东道国和资金来源国融资体制和政策的制约。跨国公司可以采用以下六种方式进行外源融资：

第一，发行国际债券。跨国公司可在不同国家发行不同币种的债券。国际债券主要分为欧洲债券和外国债券两种，具有发行手续简便、筹集资金量大、币种灵活多样、资金调拨便利等特点。

第二，在国外发行股票。跨国公司在国外发行股票指跨国公司符合国外股票市场的上市条件，向国际投资者发行股票，募集资金。在国外发行股票进行融资可以大量吸引外资，既可以募集到国际资金，又有利于跨国公司开拓国际市场，提升国际化资本运营水平。

第三，设立海外投资基金。跨国公司设立海外投资基金是在国外成立投资基金公司，向海外投资者募集资金。海外投资基金以开放型为主公开发行，成本较低，容易募集，有利于跨国公司快速融资。

第四，外国政府贷款。外国政府贷款是指跨国公司向外国政府进行贷款。贷款国政府为了促进本国的经济发展，带动本国的劳动就业和经济增长，采用较低利息向跨国公司贷款，会有一定的限制性条件，贷款额度有限。

第五，国际金融组织贷款，是指跨国公司向国际金融组织进行贷款、融资。为了规避风险，国际金融组织会提出苛刻的贷款条件，具有利率高、周期短、风控严格等特点，跨国公司必须具有良好的信誉才能获得贷款。

第六，国际项目融资，是指以境内建设项目的名义在境外筹措资金，并以项目自身的收入资金流量、资产与权益，承担债务偿还责任的融资方式。

四、跨国公司的融资策略

跨国公司为了扩大经营规模、抓住国际市场投资机会，必须进行资金的筹措。跨国公司在融通资金过程中应采取以下策略。

（一）建立最佳财务结构

最佳财务结构即各种财务指标之间的最佳比例关系，如负债结构、股权结构等。对公司而言，最重要的财务结构为债务/股本（或负债/总资本）比率。债务/股本比率过高或者过低都不合适。比例过高，说明负债过多，虽然公司的资金利用效率较高，但公司的财务风险也比较高；比例过低，说明负债过少，虽然财务稳健，但公司对资金的利用效率不高，公司的发展也较慢。对跨国公司而言，其财务结构除总体的债务/股本比率外，还应关注子公司的财务结构。一般来说，子公司财务结构的确定方法有三种：成本最低化，与母公司一致，与当地企业一致。合理化、最优化的财务结构是一个跨国公司国际融资最重要的方面，如果跨国公司本身的财务制度不规范，负债比例过高，国际融资较少，就很难达到国际融资结构的最优化。在国际资本市场，跨国公司应该选择适合的融资方式，既要做到融资成本低，又要实现利润最大化，形成负债少、利润高的财务水平。跨国公司到底采用国际债券融资、股票融资、外国银行融资还是外国政府融资，各种融资方式的比例都需要公司认真制定计划和策略。公司的融资结构影响着公司的市场价值，融资结构的优化能更有效地降低融资成本，避免和减少各种风险，跨国公司应合理地利用国内外各种融资渠道，提高企业的整体融资能力和国际竞争力。

（二）融资成本最小化

由于国际资本市场的不完全（市场分割、不能任意进入、政府管制），不同市场的融资成本可能不同，这使跨国公司可以利用不同市场的融资成本差异获得更低的融资成本。譬如股权的成本高于债务融资，普通股高于优先股，债务融资中银行贷款与债券融资的成本不同；不同类型债券的融资成本也不同。

降低融资成本的具体措施有：一是减少纳税负担，如在融资形式上，通过债务融资的利息支付减少利息所得税负担；在融资地点上，各国税率不同，特别是预提税不同，可减少负担；二是利用东道国的优惠补贴政策；三是争取当地信贷配额，争取进入当地资本市场，争取更多的信贷资源。

（三）降低或避免各种融资风险

跨国公司应主要降低或避免以下风险：一是避免外汇风险。跨国公司在融资中有很多涉及外汇融资应考虑外汇风险。二是避免或降低政治风险。正确选择融资地，避开政治风险大的地区。此外，可以采用一些方法维持融资渠道的畅通，如超量借款，即为使自己在银行贷款余额达到一定规模而保持自己的银行信贷配额，借入超出自己需要的资金，再转存其他银行。

国际资本市场进行资本融资的同时，存在一定的融资风险，主要因素如下：

第一，汇率波动引发成本提高风险。国际汇率市场变动活跃，跨国公司在签署贷款合同时，要对汇率变动应做好应急预案，提前签订风险防范的外汇互换等对冲措施。

第二，贷款国政治不稳定引发贷款不到位风险。当今世界，国际战争、政局动荡等频发，跨国公司拟贷款国家如果出现重大系统性风险，将会导致融资资金不到位。因此，跨国公司要提前做好应对措施，提前做好融资政治风险预案。

第三，国际融资人才不足。跨国公司融资需要专业的国际融入人才运作，部分跨国公司的国际融资经验不足，对国际融资规则不够熟悉。所以，跨国公司要建立风险防范机制，规避在各种融资过程中可能出现的风险。

（四）利用资金内部转移机制

资金内部转移机制可以降低跨国公司的融资成本和融资风险。跨国公司主要通过企业间贷款和调整子公司股息汇回政策，实现资金的内部转移。

企业间贷款的主要方式包括直接贷款、背对背贷款和平行贷款等。其中，直接贷款是企业间贷款的最简单方法，由母公司直接将款项贷给子公司，或子公司相互提供贷款，没有任何金融机构介入。背对背贷款是指母公司将资金存入一家A国银行，该银行再将这笔资金贷款给跨国公司的子公司。背对背贷款实际上是由银行疏通的企业间贷款，A国银行对跨国公司子公司贷款没有任何风险，因为有母公司的金融存款做担保。平行贷款是指A国跨国公司的母公司对在本国的B国跨国公司的子公司提供本币贷款，B国跨国公司的母公司则对在B国的A国跨国公司的子公司提供一笔等额的B国货币贷款，两笔贷款的提款与还本付息同时进行，贷款利率由两国的相对货币成本和预期汇率变动决定。平行汇款可以有效地汇回被冻结资金，绕过东道国的外汇管制，避免汇率上升的风险。

跨国公司在制定子公司股息汇回政策时要考虑的因素主要有东道国的征税水平、股息汇回产生的财务报表效果、外汇风险、各子公司所在东道国的外汇管制情况、跨国公司的融资要求、资金的可得性与相对成本、跨国公司各公司的收益情况等。其中，降低跨国公司的纳税总额和避免外汇管制的影响是两个最重要的考虑。跨国公司降低纳税总额的做法是：将营业利润从高税国转移到低税国，从盈利公司转移到亏损或低利公司。为避免外汇管制影响子公司汇回股息，跨国公司子公司通常采取股息连续汇回的做法，如果在外汇管制时不能汇回股息，母公司也要宣布应得的股息，以等东道国消除外汇管制后进行支付。

第三节　跨国公司税收管理

跨国公司的税收管理是国际业务中一项重要的财务管理内容，它影响国际投资的区位选择、海外机构设置、融资方式及转移定价等重大业务活动。世界上各国税法和税则千差万别，增加了跨国公司税收管理的难度。

一、国际投资区位选择中的税收管理

（一）综合税收水平

跨国公司在世界各地开展投资业务，世界各国的税法、税种和税率各不相同。跨国公司在做投资选择时主要考虑的因素有当地的综合税收水平、税收结构、税收优惠和汇回利润等。在某些国家，跨国公司缴纳的所得税不高，但其他的税收在税收总额中占比较大，进而影响跨国公司的投资决策。

（二）税收结构

跨国公司的财务管理可以对不同的税种采取不同的方法进行合理化处理。例如，公司所得税是跨国公司最大的税负，跨国公司的财务管理将利用规定的最高折旧率和转移定价的方法减轻公司的总体税负。相反，对增值税而言，跨国公司的财务管理机动性较小。东道国的增值税在总体税负中所占的比重较高，不利于跨国公司财务管理发挥其减轻税负的能动性。

（三）税收优惠

发展中国家为了吸引海外资本，通过政策制度，对跨国公司实行不同的税收优惠政策。税收优惠项目包括所得税和其他国内税种，对发展中国家而言，其国外投资具有较大的吸引力。

（四）汇回利润

汇回利润是指跨国公司通过海外经营，获取经济利益，并将其税后的利润汇出东道国。汇回利润包括子公司的股息、利息、特许费及分公司的汇回利润。而东道国对跨国公司汇出的收入实行不同的预提税率，直接影响投资项目的经营实绩。因此，跨国公司在对财务管理做出国际投资区位决策时，必须考虑各国预提税率的差别。

二、跨国公司海外机构的纳税管理

东道国政府通常针对不同的跨国公司组织形式，采取不同的税收制度政策。跨国公司的海外机构组织形式有总公司和分公司、母公司和子公司。不同的企业组织形式属于不同的纳税对象，享受不同的纳税待遇。

（一）纳税数量

东道国政府对分公司和子公司实行不同的纳税数量。一般情况下，东道国对分公司征收较高的所得税，部分国家不征收所得税。跨国公司的海外子公司向母公司汇回利润时，绝大多数国家对子公司征收预提税；而分公司向母公司汇回利润则予以免征。

（二）税负待遇

东道国政府对跨国公司的国外分公司和子公司实行双重课税或税收抵免政策。通常国外分公司已向东道国政府缴纳的所得税，可以抵免母公司的税负，以避免双重课税；而子公司则不然，有可能出现双重课税的问题。

（三）纳税时间

东道国政府对跨国公司分公司和子公司采取不同的纳税时间，部分分公司将享受延期纳税的优势。

第一，分公司。跨国公司的海外分公司不是独立的经济实体，其损益情况都要纳入总公司的账目，当跨国公司海外分公司出现亏损时，可以冲抵总公司的盈利，减少总公司的税负。因此，跨国公司国外投资项目在运作初期，以采用分公司的形式为宜。待分公司扭亏为盈时，再设法转为子公司形式。

第二，子公司。若子公司在初创时期出现亏损，可以先计入账目，待盈利后可抵消部分税收。

第三，跨国公司母国政府对纳税时间的规定是：母公司从国外子公司的应收所得，在子公司以股息等形式汇给母公司之前，可以暂时不征税，待所得汇回母国时，才予以征税。这种做法有利于母公司享受延期纳税的优惠。而延期纳税，实际是跨国公司享受了政府的一笔"无息贷款"，跨国公司可以利用这笔"贷款"，进行投资或从事其他经营，获取利润。

（四）税收优惠

东道国对子公司和分公司实行不同的税收优惠政策。一般情况下，子公司是属于东道国的法人居民，被视为当地企业，可享受当地企业的一切优惠待遇，受当地法律的保护，享受东道国与其他国家签订的税收协定所提供的各种优惠。而分公司不是独立的法人，被视为"外国公司"，不能得到同等的优惠。

三、跨国公司的国际避税

跨国公司的国际避税指利用各种不同的税法和国际税收协议中的差异、漏洞、缺陷和特例，通过合法的手段规避或减轻纳税义务。现在，越来越多的国家认定，避税和逃税是属于滥用税法的不正当行为，许多国家政府参与制定反避税条例，加强联合审计和情报交流，严防跨国公司偷税、漏税事件发生。

（一）转移定价避税法

转移定价避税法指跨国公司通过分布于不同税率和税则国家与地区内的子公司，在公司内部自行调节成本和收入，将成本由低税区转移到高税区，又将利润由高税区转移到低税区，从而达到减轻公司税负的目的。例如，某国是高税区国家，原材料以高价进口，成品以低价出口。于是该国的加工企业利润趋于零，甚至亏损，而实际企业利润已被转移到跨国公司下属的位于别国的子公司。

（二）选择公司身份避税法

各国的税收结构是按具体的纳税人和纳税对象设置不同的税收政策。跨国公司通过选择国外机构组织形式的身份来达到避税的目的。常见的方法有：

第一，根据东道国对不同身份的公司的税收规定，跨国公司选择设立子公司或分公司以达到避税的目的。

第二，根据东道国对常设机构和非常设机构不同的课税方法，跨国公司选择可以避税的机构形式。一般而言，东道国对外国常设机构的所得税征税，对非常设机构则不征税。

（三）高息贷款增资避税法

当跨国公司母国的所得税率低于子公司所在国的所得税率时，母公司通过增加对子公司的高利率贷款，使子公司的一部分所得以免征所得税的利息形式转移到母公司的账户，从而达到避税的目的。

（四）利用关联企业间固定资产购销和租赁避税

公司财务管理人员将设备或固定资产价格抬高，虚增企业生产成本，将技术转让价款隐藏在进口设备价款中，逃避技术费预提税；或将某一个子公司的财产高价租赁给另一个关联企业，于是企业利润通过租赁费用得以转让。

（五）国际避税地避税

国际避税地也称国际避税港，是指通过提供保密（如银行保密）和空壳公司（不需要雇佣任何员工或从事任何经营活动）以及对该辖区内登记的所得与资产免税或按较低的税率征税或实行极大的税收优惠的国家和地区。国际避税地主要分为三类：一是不征收个人或企业所得税及一般财产税的国家或地区，这类避税地一般被称为"纯国际避税地"，如开曼群岛、巴哈马、百慕大、安道尔、摩洛哥等。二是指完全放弃居民（自然居民和法人居民）税收管辖权而只实行地域税收管辖权的国家或地区，只针对来源于或存在于当地的所得与财产征税，而不对来源于或存在于国外的所得或财产征税，如中国香港、马来西亚、阿根廷、哥斯达黎加等。三是指按国际惯例制定税法并征税，但向外来投资者提供某些税收优惠政策的国家或地区，如加拿大、希腊、荷兰、英国、菲律宾等。

例如：甲国跨国公司 A，在百慕大避税地设立一个子公司，A 公司向乙国销售一批商品，销售收入 3000 万美元，销售成本 1000 万美元。甲国应征收所得税，税率为 30%。A 公司将此笔交易收入转至其百慕大公司的账户。由于百慕大避税地不设公司所得税，此项收入无须纳税。

按照正常交易原则，A 公司在甲国应纳所得税为：（3000−1000）×30% = 600

（万美元）。而 A 公司通过虚设避税地业务，并未将此笔交易呈现在甲国的账目上。A 公司设在百慕大的子公司虽有进账，但无须纳税。若该子公司将此笔收入赠与其他公司，也可不缴纳赠与税。所以，避税地是跨国公司的避税天堂。

复习思考题

1. 跨国公司财务管理的主要内容及特征？
2. 跨国公司财务管理的主要模式？
3. 跨国公司融资的主要方式？
4. 跨国公司对所属海外机构如何做好纳税管理？

第八章　跨国公司文化管理

学习要点

本章重点学习跨国公司文化的概念及其主要特征，重点介绍了国家间的文化差异、文化冲突的原因以及对跨国公司的主要影响，介绍了跨国公司文化战略管理的基本内容，分析了减少跨国公司文化差异的管理方法。

第一节　跨国公司的组织文化

跨国公司在东道国生产经营的过程中，本国员工将面对与母国完全不同的文化背景、价值理念、道德标准和行为准则的员工。国家间的文化差异派生出逻辑思维的差异，进而导致在企业管理实践中的文化冲突。在现代跨国公司经营管理过程中，企业管理要对国际的文化差异具有充分的了解和认知。

一、跨国公司组织文化的概念

跨国公司的组织文化是指跨国公司全体员工在一定时期内从研发、生产、销售、管理运行过程中形成的，得到员工一致认可并能够在实践中自觉履行，具有一定约束力，体现跨国公司发展战略、内在精神价值、经营理念和管理制度等的基本信念和共同认知；是本公司区别于其他公司的文化内涵。跨国公司的组织文化既指本公司所形成和保持的文化传统，也指抽象形态的跨国公司的一般文化体系和价值准则；既指本公司文化的具体内容，也指一门特定的学科、思想体系。

二、跨国公司组织文化的结构

跨国公司组织文化的结构把组织文化作为一种独特的文化现象来进行探讨。一般来说，跨国公司组织文化的结构分为物质层面、制度层面、行为层面和精神层面四个部分。

第一，物质层面。即跨国公司的物质文化，是由跨国公司员工创造的产品和物质等构成的，主要包括跨国公司的生产环境、产品、包装、形象设计等。物质文化是组织文化的外在表象，具有直观、现实的特征。

第二，制度层面。即跨国公司的制度文化，是跨国公司员工的意识与观念形态的具体反映。制度文化是塑造精神文化的主要载体。

第三，行为层面。即跨国公司的行为文化，是指跨国公司在公司经营、公司宣传、员工关系、企业文化形成过程中的文化现象。行为文化是跨国公司经营作风、精神面貌、人际关系的动态体现。

第四，精神层面。即跨国公司的精神文化，在跨国公司的组织文化系统中处于核心地位。精神文化是跨国公司在经营过程中受社会文化、意识形态影响而长期形成的文化观念，包括公司精神、公司经营哲学、公司价值观念等。

第二节　文化差异与文化冲突

一、文化差异

文化差异指因不同国家、地区人们所特有的文化异同而产生的差异。霍夫斯坦德认为，文化是在一个环境中的人们共同的心理程序，它不是一种个体特征，而是具有相同的教育和生活经验的许多人所共有的心理程序。不同的群体、区域或国家的这种程序互有差异。文化差异是不同文化之间的差别，当不同文化相遇之时会产生冲击、竞争及失落等反应。文化差异可能是由宗教信仰、文学艺术、种族群体、语言能力、政治立场、社会阶级、性别、民族、年龄、认知、受教育程度等的不同而导致的。不同区域的人在历史传统、语言文字、民族宗教、精神信仰、生产力水平、日常生活方式与生活习惯等方面存在一定的差异，而这些差异必然反映到文化层面，使一个群体的文化有别于另一个群体的文化。

（一）文化差异的具体表现

国家文化差异是一个国家的文化与另一个国家之间的文化差异。在国家文化差异的影响下，企业文化、职业文化也存在着必然差异。针对跨国公司，国家文化差异将会导致跨国公司的经营管理方式存在一定的包容性与差异性。

1. 社会制度与意识形态的差异

社会制度与意识形态是影响广泛的文化范畴，社会制度是意识形态的社会基础，意识形态是社会制度的现实反映，两者相互制约、相互影响。同时，意识形态又是社会制度在文化领域的世界观、价值观和思维方式的具体表现。在此基础上的意识形态也存在明显的区别，必然反映到文化差异中。

2. 思维方式的差异

思维方式是社会实践活动在大脑中的内化体现，思维方式差异是导致文化差异的一个重要方面。思维方式的差异源于各民族具体生产、生活实践的差异，与民族文化的世界观和价值观密切相关，它承载着世界观和价值观。思维方式差异是引发价值观冲突进而导致文化冲突的重要因素。

3. 语言差异

语言既是人们思维的反映与意识的表达，又是人们进行交流和沟通的工具。世界上拥有不同种族，分布在不同地域，使用着不同的语言。因此，跨国公司的母公司与子公司如何跨越国际语言障碍，进行准确无误的交流与沟通，对跨国公司的经营与管理是非常关键的。

4. 宗教信仰差异

不同的国家都有相对独立的思想体系、宗教理念、宗教制度、宗教仪式等。不同宗教有不同的禁忌和倾向，在深刻影响个人的世界观及价值观的养成的同时，也影响跨国公司及跨国公司管理者对国际市场商机的把握、产品的销售等。

5. 教育水平差异

教育是一国国民接受知识、培养技能的重要过程。当今世界各国教育资源极其不均衡，导致了世界各国的教育水平参差不齐，国民受教育程度各异，人力资本和综合素质存在明显的差异。

（二）东西方的文化差异

1. 国家层面的文化差异

（1）东方注重集体与人际关系；西方崇尚个人主义，更强调人格独立。在中外合作完成同一项目时，外方管理者在其价值观指导下所表现出的个人主义，往往与中方管理者存在文化理念矛盾。

（2）通常情况下，美国企业会将合同条款有关合作失败的条款列举得非常详细，包括如果不及时付款将如何罚款、如果违约将如何解约、如果解约将如何赔偿、如果侵权将如何起诉，这往往会引起中国企业诸多抱怨。

（3）在语言沟通方面，中国人的交流方式比较委婉、含蓄，文化表达偏向于高语境；然而，西方人以效率为重，性格直率、情感外露，文化表达偏向于低语境。

2. 企业层面的文化差异

（1）趋于保守与倡导创新。中西方在风险观念方面存在明显差异，以中国传统文化为代表的东方文化重视稳定和规则，创新竞争意识不强；比较而言，西方文化倡导冒险，勇于创新变革。

（2）东方的感性与西方的理性。东方企业重视对员工的感情投资和道德教育，重视运用精神力量形成统一的意识形态。西方企业重视管理变革，运用数据模型等手段进行管理决策，形成了科学合理的组织结构和规章制度，以此提高工作业绩。

3. 个体层面文化差异

（1）企业管理者风格差异。中国企业受儒家传统文化影响，管理者考虑"中庸"因素较多，独立决策意识不强。西方发达国家的管理者探索性较强，善于运用衡量管理标准及其有效性。

（2）员工价值观不同。中国企业员工善于维护上级管理者的权威，执行力强；大多数西方企业的员工对工作环境、薪资具有主动争取谈判的意识，敢于主动提出观点和意见。

二、文化冲突

文化冲突是指源于不同形态的文化要素载体之间相互排斥，从而造成沟通、理解困难等文化方面不相容的过程。文化冲突既包括文化观念不同而产生的冲突，也包含社会成员具体行为差异造成彼此理解错位而产生的冲突。国家之间、企业之间都存在文化差异，跨国公司的员工来自不同国家，具有不同的文化背景和价值观，是导致跨国公司文化冲突的主要原因。

（一）文化冲突的根本原因

文化本位主义凸显于不同文化的交流和碰撞过程。在跨国公司经营管理中，文化本位主义主要体现为两种形式：一是当某种文化处于强势文化地位时，文化本位主义表现为对外扩张，即把本民族文化覆盖其他民族文化，必然引起弱势地位文化的反击与抗争，进而产生文化冲突。二是当某种文化处于弱势文化地位时，文化本位主义表现为对外保守和封闭，拒绝外来文化的浸透和侵袭，包括对优秀文化的吸收与引入，尽量把其他民族文化的影响降到最低，同样会引起文化冲突。文化冲突源于文化差异和文化本位主义，而文化本位主义往往是比文化差异性更重要的文化冲突原因。文化本位主义与文化冲突有着正相关关系，文化本位主义引起文化冲突，同时，文化冲突又反过来强化文化本位主义。

（二）文化冲突的具体表现

1. 价值观念的冲突

价值观念是一种文化的核心内容体现在文化的各个要素之中，每种文化之所以形成一个独特的文化模式，就是因为价值观念贯穿其中。文化冲突本质上是价值观念的冲突。跨国公司拥有不同文化背景的员工，价值观念差异明显，由文化差异而导致的价值观念、处世态度和行为规范的冲突，给跨国公司文化管理带来了巨大压力。

2. 沟通方式的冲突

世界各国、各民族之间的文化冲突主要体现在不同的语言和文字上。虽然在交流与沟通中可以将一国语言、文字翻译成另一国语言或文字，但是语境方面的差异经常会导致出现信息传递的歧义和曲解。在沟通方式上，以中国为代表的国家在沟通上相对含蓄，许多信息的传递要通过特定的语言环境；而西方人更愿意直接明了地表达意图。交流与沟通方式的冲突在跨国公司中表现得较为明显，在一定程度上对跨国公司的管理效率产生了一定影响。

3. 工作方式上的冲突

跨国公司的员工具有不同的文化背景，在工作过程中，目标期望、管理协调、决策程序、经营理念等方面都可能导致沟通不畅，从而引发工作上的冲突。技术性文化冲突在跨国公司中也很常见，如不同文化背景的会计人员往往具有不同的工作行为方式，可能引起跨国公司母公司与子公司之间，以及各子公司之间的工作冲突。

第三节　跨国公司文化管理策略

跨国公司文化管理是指公司在经营管理过程中，通过公司文化、公司制度及有效的沟通，使具有不同文化背景的员工达成共识，规避冲突，提高管理效率，为推动公司的发展形成合力，实现资源的优化配置，不断挖掘和利用公司的潜力和价值，从而提高企业的综合效益，实现公司的利润目标与社会价值。

一、识别文化差异

（一）识别文化差异性

文化冲突是由文化差异引发的，跨国公司开展跨文化管理，首先要对公司员工的不同文化背景进行识别和分析。只有正确识别了解文化的差异，才能从中寻求文化发展的共鸣。所以，识别跨国公司文化差异是提高公司文化管理能力的必要条件，而忽视跨国公司的潜在文化差异是引起文化冲突的主要原因。

（二）培养文化敏感性

跨文化敏感性通常指的是区分和体验文化差异的能力，在心理学范畴，将跨文化敏感性分为不同阶段，即拒绝、防御、轻视、接受、适应、融合。跨文化敏感性已成为跨国公司高级管理者必须具备的核心能力。

（三）识别不同的沟通情境

在跨国经营活动中，需要识别的不同类型的沟通情境主要分为三种：一是企业内部的管理沟通情境，包括部门之间、领导者与员工之间、员工之间的沟通情境。二是企业与外部的管理沟通情境，包括企业与供应商之间、企业与中间商或经销商之间、企业与消费者之间、企业与竞争者之间，以及企业与政府及社会之间的沟通情境。三是企业跨国并购情况下的管理沟通。

二、制定跨文化管理战略

在跨国经营过程中，企业需要结合跨文化整合的决定性因素来选择适合跨国公司具体情况的跨文化整合模式。跨文化管理要在文化背景下，建构切实可行的跨国公司文化管理组织结构和管理机制，在制度上构建跨文化战略，妥善处理文化冲突，最大限度地挖掘跨国公司员工的潜力，调动其主观能动性。目前，跨国公司文化管理战略主要有以下三种：

（一）文化相容战略

世界各国的传统文化都是在历史发展的长河中逐渐形成的。在各国文化不同的发展环境中，产生了文化差异。因此，跨国公司文化管理应建立在相互尊重、相互包容、相互理解的基础上，将跨国文化差异转化成国际文化交流的新平台。即实现文化互补，实现母国文化与东道国文化相互融合，相互补充，并行于公司的文化管理过程中，充分发挥其文化融合的优势。

（二）文化"本土化"战略

跨国公司在东道国投资，必须充分了解东道国的文化环境。在制定跨国公司投资战略和决策时，需要充分考虑东道国目标市场的文化特质，充分尊重和适应东道国的风俗习惯、文化传统和宗教信仰等，避免与其产生文化冲突，在产品、服务、管理等方面最大限度地"入乡随俗"。实施文化"本土化"战略有利于与当地文化融合，增强东道国对外来资本的信任，也有利于子公司在国际市场迅速站稳脚跟，巩固市场地位。

（三）文化创新战略

文化创新是指跨国公司企业文化与子公司东道国文化的有效融合，相互借鉴，互相吸收差异化的文化精华，在母公司文化与东道国文化的基础上构建新型的跨国公司企业文化，并将公司文化作为公司管理的基础。通过创新融合母国与东道国的文化优势，获取跨国公司的文化创新优势，形成跨文化融合与多文化并蓄的复合型跨国公司文化。

三、实现跨文化融合

跨国公司在面对文化差异时，应保持开放、包容、创新的管理理念，才能将不同的文化融合成跨国公司新的企业文化。

（一）增进跨文化理解

尊重并理解其他文化是培养跨文化沟通能力的前提条件。世界各民族文化是人类在发展的历史长河中积累起来的共同精神财富。探寻各民族文化内涵，吸收各民族文化精髓，使之融会贯通。同时，从另一个参照系反观本土文化，客观看待外来文化的优势与缺陷。在多元文化交融过程中，不断增进跨文化理解，构建团队成员交流机会，构建跨文化学习交际平台；营造差异文化背景下员工的合作氛围，优化团队资源配置。在文化融合的基础上，追求更高层次的文化创新。

（二）强化跨文化沟通

文化理解是沟通的基础，有效的文化沟通可以促进对文化的理解。跨文化沟通能力，是指能很好地与来自不同文化背景的人进行有效交往与合作的能力。在跨国公司经营管理过程中，应制定完善的跨文化沟通行动方案，有组织地构建正式和非正式的跨文化沟通组织与管理系统，搭建有形和无形的跨文化沟通渠道，实现全方位的动态沟通互动机制。

（三）推动文化认同

文化认同是个体受其所属群体文化的影响，产生对该群体文化的认同感。文化认同的过程是使原先分属于不同文化群体的个性文化充分融合，从而产生相同的文化意识和文化归属感。文化认同在跨国公司经营中主要体现在包括母国对属国文化的认同、属国对母国文化的认同、母国和属国共同对多元文化的认同。推动文化认同的方法有三种：一是利用文化互补。在进行跨文化管理时，充分分析文化、政治等文化因素，在理解与尊重的基础上，对东道国与母国间的文化进行融合，充分实现文化认同，从而提高跨国公司核心竞争力。二是缩短文化距离。

文化距离实为母国与东道国之间在语言差异、生活习惯差异、社会文化差异等方面的充分体现。三是融合多元文化。跨国公司在国际化经营过程中，除了受东道国政治经济文化和风俗的制约外，还受母公司的多元文化影响。面对这种复杂情况，还应本着尊重和学习的态度，利用不同文化之间的差异，融合创新跨国公司新型文化，建立多层次、制度化沟通机制，实现跨文化协同。

四、构建跨国公司组织文化

跨国公司的跨文化管理是一个文化整合演进的过程，是文化再造和文化创新的过程。经过文化差异识别和跨文化培训，在提高对不同文化的理解的基础上，建立跨越文化差异的新的企业文化，是解决文化冲突的必然选择。

（一）强化跨国公司的跨文化培训

要实现跨文化沟通的有效性，必须注重培养员工的跨文化沟通能力。开展跨文化培训工作的主要内容，除了对差异文化的了解与认识外，最重要的还有跨文化冲突及危机处理。在遇到文化冲突时，要善于克制，作为东道国文化的学习者，应灵活处理因文化差异而产生的各种摩擦和冲突。跨国公司的内部文化培训能使员工系统地接受企业的全新价值观，并强化员工的认同感。

（二）构建跨国公司的创新型文化

文化创新是指通过创新融合而形成脱离母国文化和东道国文化的新型跨国公司文化。新型公司文化既保留了母国的文化特征，又与东道国的文化环境相适应，两种文化的有机融合，可以充分体现跨国公司的文化竞争优势。在建立新型企业文化后，首先应通过广泛深入的宣传，营造跨国公司文化氛围，向员工传递企业文化的信心和决心。其次结合人力资源整合和组织机构变更，通过系统的企业文化培训，使员工知晓、理解、接受新的文化。文化变革是一个长期的过程，需要通过一定的激励约束机制来维护和巩固新文化，引领企业的价值观念，提高员工的凝聚力和向心力，从而使企业的竞争力得到不断的加强。

复习思考题

1. 跨国公司文化差异的主要表现有哪些？
2. 跨国公司应如何有效规避跨文化冲突？
3. 跨国公司应如何实现跨文化有效管理？

参考文献①

［1］格里·格瑞，帕特里克·古萨蒂斯，兰德·伍瑞奇. 股票价值评估：简单、量化的股票价值评估方法［M］. 北京：中国财政经济出版社，2004.

［2］卢进勇，郄志雄，彭静. 国际投资学［M］. 北京：中国人民大学出版社，2023.

［3］陈继勇，等. 国际直接投资的新发展与外商对华直接投资研究［M］. 北京：中国人民大学出版社，2004.

［4］陈友邦，秦志敏. 证券投资（第2版）［M］. 大连：东北财经大学出版社，2010.

［5］江小娟. 中国的外资经济［M］. 北京：中国人民大学出版社，2002.

［6］卢进勇，杜奇华. 国际经济合作［M］. 北京：对外经济贸易大学出版社，2013.

［7］商务部国际贸易经济合作研究院，中国驻德国大使馆经商处，商务部对外投资和经济合作司. 对外投资合作国别（地区）指南：德国（2022年版）［EB/OL］. http：//fec. mofcom. gov. cn/article/gbdqzn/.

［8］商务部国际贸易经济合作研究院，中国驻法国大使馆经商处，商务部对外投资和经济合作司. 对外投资合作国别（地区）指南：法国（2022年版）［EB/OL］. http：//fec. mofcom. gov. cn/article/gbdqzn/.

［9］商务部国际贸易经济合作研究院，中国驻加拿大大使馆经商处，商务部对外投资和经济合作司. 对外投资合作国别（地区）指南：加拿大（2022年版）［EB/OL］. http：//fec. mofcom. gov. cn/article/gbdqzn/.

［10］商务部国际贸易经济合作研究院，中国驻美国大使馆经商处，商务部对外投资和经济合作司. 对外投资合作国别（地区）指南：美国（2022年版）［EB/OL］. http：//fec. mofcom. gov. cn/article/gbdqzn/.

［11］商务部国际贸易经济合作研究院，中国驻日本大使馆经商处，商务部

---

① 由于商务部文件更新，［7］~［11］只列示门户网站地址。

对外投资和经济合作司．对外投资合作国别（地区）指南：日本（2022 年版）［EB/OL］．http：//fec. mofcom. gov. cn/article/gbdqzn/.

［12］商务部，国家统计局，国家外汇管理局．2020 年度中国对外直接投资统计公报［M］．北京：中国商务出版社，2021.

［13］商务部，国家统计局，国家外汇管理局．2021 年度中国对外直接投资统计公报［M］．北京：中国商务出版社，2022.

［14］中华人民共和国商务部．中国外商投资报告（2017−2019）［EB/OL］．http：//fec. mofcom. gov. cn/article/tzhzcj/tzhz/.

［15］中华人民共和国商务部．中国外商投资报告（2019−2021）［EB/OL］．http：//fec. mofcom. gov. cn/article/tzhzcj/tzhz/.

［16］张纪康．跨国公司与直接投资［M］．上海：复旦大学出版社，2004.

［17］UNCTAD. World Investment Report（2020）［EB/OL］．http：//www. unctad. org.

［18］UNCTAD. World Investment Report（2018）［EB/OL］．http：//www. unctad. org.

［19］任永菊．跨国公司与对外直接投资［M］．北京：清华大学出版社，2021.

［20］孔淑红．国际投资学［M］．北京：对外经济贸易大学出版社，2023.

［21］毛付根．跨国公司财务管理［M］．大连：东北财经大学出版社，2002.

［22］林康，林在志．跨国公司经营与管理［M］．北京：对外经济贸易大学出版社，2021.

［23］王爱琴，袁庆远，孙凤兰．国际投资学［M］．北京：北京理工大学出版社，2021.

［24］刘志伟．国际投资学［M］．北京：对外经济贸易大学出版社，2017.

［25］李秀平，韦海燕．跨国公司经营与管理［M］．重庆：重庆大学出版社，2006.

［26］卢进勇，杜奇华．国际投资理论与实务［M］．北京：中国时代经济出版社，2004.

［27］常广庶．跨境电子商务理论与实务［M］．北京：机械工业出版社，2017.

［28］张汉林，卢进勇．经济增长新引擎：国际直接投资方式、规则与技巧［M］．北京：中国经济出版社，1998.

［29］卢进勇，杜奇华，杨立强．国际投资学（第三版）［M］．北京：北京

大学出版社，2024.

　　［30］卢进勇，李锋，石磊．国际投资与跨国公司［M］．北京：首都经济贸易大学出版社，2023.

　　［31］卢进勇，杜奇华，李锋．国际经济合作教程（第五版）［M］．北京：首都经济贸易大学出版社，2019.

　　［32］崔新健，王生辉．跨国公司管理（第 2 版）［M］．北京：中国人民大学出版社，2022.

　　［33］樊秀峰．跨国公司管理［M］．北京：北京大学出版社，2023.

　　［34］Jia J，Dyer J S. A Stand and Measure of Risk and Risk-Value Models［J］. Management Science，1996，42（12）：1691-1705.

　　［35］Jia J，Dyer J S，Butler J C. Generalized Disappointment Models［J］. Journal of Risk and Uncertainty，2001，22（1）：59-78.

　　［36］菲利普·乔瑞．风险价值 VAR：金融风险管理新标准［M］．北京：中信出版社，2005.